学校体育中体质弱势群体教学微探

薛建新　著

中国纺织出版社

内容简介

我国高校体质弱势学生的数量在持续的增加，形成了体质弱势群体，加大了高校体育教学工作的难度，高校体质弱势群体的教学问题，引起了社会的广泛关注，需要我们全社会高度重视。本选题首先介绍了学校体育的发展状况以及作用、功能等内容；然后对于学校体育的教学、体育课程的研究、特殊体育课程与体质弱势群体、体质弱势群体与体育科学等内容进行了详细论述；最后从体质弱势群体教学的目标、原则、内容、评价等角度，作了比较深入的研究，并且对体质弱势群体的运动处方以及具体的健身项目进行了理论和实践指导。本选题成书以后的主要针对人群为高校体育教师。

图书在版编目（CIP）数据

学校体育中体质弱势群体教学微探 / 薛建新著 . —北京 : 中国纺织出版社 , 2018.2
ISBN 978-7-5180-3898-5

Ⅰ . ①学…　Ⅱ . ①薛…　Ⅲ . ①高等学校—学校体育—教学研究　Ⅳ . ① G807.4

中国版本图书馆 CIP 数据核字（2017）第 188134 号

责任编辑：武洋洋　　　　责任印制：储志伟

中国纺织出版社出版发行
地址：北京市朝阳区百子湾东里 A407 号楼　邮政编码：100124
销售电话：010-67004422　传真：010-87155801
http：//www.c-textilep.com
E-mail：faxing@e-textilep.com
中国纺织出版社天猫旗舰店
官方微博 http：//www.weibo.com/2119887771
虎彩印艺股份有限公司印制　各地新华书店经销
2018 年 2 月第 1 版第 1 次印刷
开本：710 × 1000　1/16　印张：12.25
字数：218 千字　定价：59.50 元

前　言

高校体育教学中，关注体质弱势群体的体育需求是体育精神实质的展示，是对普通高校体育工作者提出的更高要求。关注“体质弱势群体”的身心发展，采用灵活的教学方法和原则对高校学生体质弱势群体进行指导，帮助其身心健康发展，增强社会适应性，使其共享体育运动的欢乐，对高校体育教学工作更好地开展具有重要意义。

本书大致分为两个部分，第一部分为第一至第三章，主要介绍学校体育中的一些教学以及课程研究内容，第二部分为第四至第七章，主要讲述学校体育中一些体质弱势群体的教学问题。其中，第一章为学校体育概述（学校体育发展概况研究、学校体育的作用与功能）；第二章对学校体育教学进行研究，包括体育教学的概念及特点、体育教学目标与内容、体育教学方法、体育教学的组织和管理、体育教学设计与评价；第三章讲述学校体育课，主要包括体育课程的内涵及发展、体育课程的学科基础、体育课程的编制与实施、体育课程的学习与评价、体育课程资源的开发与利用；第四章讲述特殊体育课程与体质弱势群体教学，主要包括弱势群体综述、特殊教育与特殊体育教育、体育保健与康复教育、体质弱势群体特殊体育课程的理论框架、民族地区大学生体质弱势群体教学；第五章讲述体质弱势群体与体育科学，主要包括体育科学体系概述、体质弱势群体与体育学科专业建设、体质弱势群体与体育专业人才培养、体质弱势群体与相关法规政策改革、体质弱势群体与体质人类学的发展；第六章讲述体质弱势群体的体育教学，主要内容包括体质弱势群体体育教学目标、体质弱势群体体育教学内容、体质弱势群体体育教学原则、体质弱势群体体育教学方法；

第七章讲述体质弱势群体健身运动处方与健身教学，主要包括体质弱势群体健身运动处方、体质弱势群体游泳健身教学、体质弱势群体健美操和体育舞蹈健身教学、体质弱势群体休闲娱乐健身教学、体质弱势群体太极拳与软式排球健身教学。

总体上来说，本书逻辑清晰，内容丰富，具有非常重要的理论价值和实践价值。理论的发展最终是为了指导实践，希望本书能在人们探索体质弱势群体教学的道路上尽到微薄之力。

本书在撰写过程中，对前人有关体质弱势群体教学的资料进行了借鉴和吸收，在此对其作者表示诚挚的谢意。由于时间仓促，水平有限，书中难免会有遗漏及不妥之处，恳请广大读者朋友批评指正。

作者

2017年9月

目　录

第一章　学校体育概述

学校体育学作为体育人文社会学类的主体课程之一，经历了不同的发展变化。本章针对学校体育进行论述，内容包括学校体育的发展概况、作用以及功能。

第一节　学校体育发展概况及研究

一、西方学校体育发展概况

西方学校体育教育，是以欧洲为主要发源地。下面，我们主要围绕西方学校体育的发展进行大致阐述。

（一）古希腊学校体育概况

在古代欧洲，古希腊学校体育教育主要以斯巴达式教育与雅典式教育这两种形态存在。

1. 斯巴达式教育

公元前 8 世纪，斯巴达人建立了实行奴隶主寡头政治的城邦国家，实行全民皆兵的政策，一切活动皆以军事为出发点，实行尚武教育。以培养凶悍的军士著称于世，是其主要特点；军事体育是其主要内容，以“骑士七艺”——骑马、游泳、投枪、击剑、狩猎、下棋和吟诗最具代表性。

斯巴达的法律规定，儿童都归国家所有，新生婴儿必须交国家检查，体弱患病或畸形儿便被扔到山谷之中，令其死去，只有体格强壮、健康合格的儿童才交给父母抚养。7 岁后就要到国家设立的学校接受教育，主要是诸如投枪、投重物、赛跑、游泳、游戏等身体训练。12 ~ 14 岁的男孩，其标准的体育活动是球类、角力、射箭、投掷、标枪、拳击、狩猎等。20 岁之后，男子开始过军营生活，30 岁允许结婚，婚后仍然继续参加军事训练，直到 55 岁。7 ~ 18 岁的斯巴达女子要接受诸如角力、掷铁饼、投标枪、赛跑、跳跃、舞蹈、球类、爬山等国家组织的身体训练。

2. 雅典式教育

雅典式教育的目的在于把统治阶级的子弟培养成身心和谐发展的能履行公民职责的人，不仅要把他们训练成为身强力壮的军人，更要把他们培养成为具有文化修养和多种才能的政治家和商人。这种“文武兼备”的教育思想，对人类教育的发展起到了积极的推动作用。

在雅典的学校教育中，体育同样扮演着重要的角色。雅典人 7 岁前在家接受教育，游戏是其主要教育内容，如猜单双、掷骰子、拖小车、玩小球等；7 ~ 14 岁要在文部学校和音乐学校学习文化知识和音乐以及一些简单的体育活动，如简单的体操动作、跑、跳游戏等；14 岁进入体操学校，学习赛跑、跳跃、投标枪、掷铁饼和角力等以及游泳和舞蹈；16 岁后，进入体操馆继续练习体操和五项运动；18 岁青年经过测验合格者成为公民，宣誓入伍接受两年严格的军事训练，并到边防去见习。与斯巴达妇女相比较而言，雅典女子享有的权利不太广泛，只是在音乐学校接受与舞蹈相关的身体训练。

（二）中世纪欧洲学校体育概况

欧洲中世纪时期，基督教会几乎垄断了教育，使其成为神学的侍婢和宣传教义的工具。在开设的教会学校中，主要内容是神学，并不包括体育。基督教主张“禁欲”，认为“肉体是灵魂的监狱”。因此，学校为扼制所谓的“肉欲”，安排大量的祈祷、忏悔时间，棍棒和鞭子成为学校的“教具”，故而盛行体罚、监禁、绝食之风，伤害了学生的身心健康。

骑士教育，是欧洲 11 世纪形成的一种为培养“神权王权刽子手和封建教会卫道士骑士”的教育制度，后因封建制度解体和枪炮的广泛使用而逐渐没落。从大体上来讲，骑士教育包括三个阶段，即家庭教育、侍童教育以及扈从教育。其教育内容除学习上流社会的各种礼节，重点是学习“骑士七技”，即骑马、游泳、投枪、击剑、打猎、下棋和吟诗。由此，我们不难看出，古希腊人的全面发展思想不包含于骑士教育之中，而骑士教育只存在对宗教的狂热和对领主和贵妇人的献媚。

著名的意大利人文主义教育家维多里诺·德·费尔特雷（Vittorino D.Feltre，1378—1446）在继承古罗马教育家昆体良的教学法思想，并结合自己对教育的认识、理解的基础上，兴办了一所新学校——“快乐之家”。学校规定学生都必须参加体育活动，其内容基本上是沿袭中世纪宫廷学校的诸如骑马、赛跑、击剑、游泳、球类运动、军事活动等身体活动形式。由此我们不难看出，“快乐之家的学校体育”在一定程度上推动了近代学校体育的兴起。

（三）近代欧洲学校体育的形成与发展

1. 近代欧洲学校体育思想的形成

随着资本主义的出现和近代科学技术的不断发展，在资产阶级教育思想和实践的发展进程中，学校体育进入了一个新的阶段。

14 世纪后，文艺复兴作为新兴资产阶级为发展资本主义、摆脱教会控制，在意识形态领域开展的反封建运动在欧洲爆发了。文艺复兴高举人文主义的旗帜，在教育上主张恢复古希腊的教育思想和重视体育的传统，强调人的个性发展、个人自由，反对宗教束缚、反对体罚，倡导人的尊严，肯定人的价值、地位和功能，提倡健康、活泼、乐天的人生。由此可见，它为近代学校体育的发展吹响了号角。

进入 17、18 世纪，欧洲发生了工业革命①，这是欧洲资本主义大发展时期。启蒙运动是资产阶级为推翻封建统治、建立资产阶级政权而开展的一场伟大的思想解放运动。启蒙运动主张人性论，强调用人权反对王权，用人道反对神道，用人类科学理性反对宗教迷信，提出了自由、平等、天赋人权等不朽的口号。法国启蒙运动和英国资产阶级革命促进了近代教育（体育）思想的形成，涌现了一批教育家、思想家，他们对学校教育提出了新的思想观点，为近代学校体育的发展做出了卓越的贡献。下面，我们主要围绕这一时期著名的教育家及其观点进行具体阐述。

捷克著名教育家夸美纽斯（1592—1670）开创了班级授课制，被誉为“近代学校体育之父”。他主张：每人每天要保证 8 小时睡眠，8 小时工作，8 小时进食、健康卫生和身体锻炼；学校要为儿童设立充足的运动场所，学习间隙要安排半小时的休息和体育活动。

英国资产阶级教育家洛克（1632—1704）主张“绅士教育”，认为德育、智育、体育是教育的三大部分，并强调体育是一切教育的基础。他的体育论可以集中为一句话：“要忍耐劳苦，不要娇生惯养。”为此，他建议：冬夏衣着不可过暖；要用冷水洗脚，要坚持冷水浴；要会游泳，要多过户外生活，要多吸新鲜空气，忍受冷热晴雨；饮食要清淡、有节制；要早睡早起，要睡硬床；不可过多用药，等等。

瑞士教育思想家和实践家裴斯泰洛齐（1746—1827）提倡实际技能教育，包括身体训练、手工职业准备和其他一切富有实际技能意义的教育。他认为，身体器官和手工职业的训练，应当成为人的全部教育组成部分。在他看来，体育就意味着对儿童身体和实用技能的训练，是智育

① 工业革命（The Industrial Revolution）开始于 18 世纪 60 年代，通常认为它发源于英格兰中部地区，是指资本主义工业化的早期历程，即资本主义生产完成了从工场手工业向机器大工业过渡的阶段。工业革命是以机器取代人力，以大规模工厂化生产取代个体工场手工生产的一场生产与科技革命。

不可缺少的补充，一个儿童没有受到必要的身体训练，他就不可能养成行事的能力。他提倡体育的真正目的在于，训练儿童使用其手和脚的实际活动能力。他指出，儿童应以自己生活中简单的动作来发展他们的体力。由于儿童身体训练发展了力量、技巧，必然会给他们以谋生手段，把日常劳动中一些动作加以提炼；按一定程序予以训练，不仅可以锻炼儿童身体、全面发展体力，而且能培养儿童劳动精神。他把体育与劳动教育、职业训练进行了结合，并指出对于生活条件比较穷困的儿童来讲，体育就是职业性劳动教育。

2. 近代欧洲学校体育的发展

18 世纪末期开始，随着近代学校体育理论的逐步形成，在欧洲一些国家开始了近代学校体育的实践，后逐步在欧美一些国家普及，近代学校体育进入了一个大发展时期，纷纷在各国建立了近代学校体育制度。下面，我们主要围绕这一时期著名的教育家及其贡献做出具体论述。

（1）巴泽多。18 世纪 70 年代中期，德国博爱主义教育家巴泽多（1723—1790）在德绍创办了博爱学校。该校课程安排每天 5 小时读书、3 小时体育（斗剑、舞蹈、骑马、竞技、体操、音乐和游戏等）、2 小时手工，每年暑假 2 个月野营，开展打猎、钓鱼、游泳、爬山、赛跑、游戏等体育活动，并根据古希腊的体操、欧洲的骑士运动和德国民间游戏，创造了德绍五项竞技，即赛跑、跳跃、攀登、平衡和负重。在那时，德绍博爱学校的教育思想和实践对德国各地产生了很大的影响，纷纷效仿并建立了这种学校。

（2）古茨穆斯。被誉为“德国体操之父”的体育教育家古茨穆斯（1739—1839），对近代学校体育发展做出了杰出的贡献。他从理论和实践上对德国近代早期的体操进行了系统的整理和研究，使之形成一个完整的教育体系，被称为“教育体操”。此外，他还创造了自己的体操体系——八项基本运动[①]、手工作业和青少年游戏三大类。在这一体操体系中，与体育发展的关系最密切的就是八项基本运动。

（3）施皮斯。在德国体育史上，施皮斯（1810—1858）是最具有影响力的人物之一。其原因在于他创编了适应当时学校需要的教育体操，即协同体操、秩序运动和徒手体操。他把体操从社会引向学校，被称为“学校体育之父”。

（4）林氏。瑞典体操代表人物林氏（1776—1839）将体操做了分类，

---

① 八项基本运动包括跑步运动，跳跃运动，投掷运动，角力运动，悬垂运动，平衡运动，举起、搬运、手倒立、拔河、跳绳、滚翻运动，舞蹈、步行、兵士运动。

主要分为以下四类。

①教育体操：使身体按自己的意愿自由活动的体操，以求得身体的自然发展。

②兵士体操：手持一定的物体，或以自己的体力使外界物体按自己的意志运动的体操，属器械体操与器械运动。

③医疗体操：以矫正身体某个部位偏缺，从而使身体均衡发展的体操运动。

④健美体操：以表现人的思想感情为目的，即艺术体操，其动作是建立在解剖学、生理学等人体科学的基础之上，使体操的科学性得到提高。

哈慕尔·林（1820—1866）是林氏的儿子，他发展了教育体操，并把它引入了各类学校，为体育学校体育打下坚实的基础。

（四）西方现代学校体育的发展及未来展望

自 20 世纪起，在世界大战的影响下，西方各国对学校体育都重视起来。两次世界大战之后，许多国家结合本国实际，采取多种措施加强学校体育工作，使学校体育发展达到了一个新的水平，使体育成为学生日常生活不可或缺的一部分。

如今，大家普遍认为，体育与健康教育是值得强调与关注的。随着教育改革的逐步深入，学校体育发展呈现出新的趋势。经过长期的研究与分析，我们对其做了总结，主要归纳为四个方面，如图 1-1-1 所示。

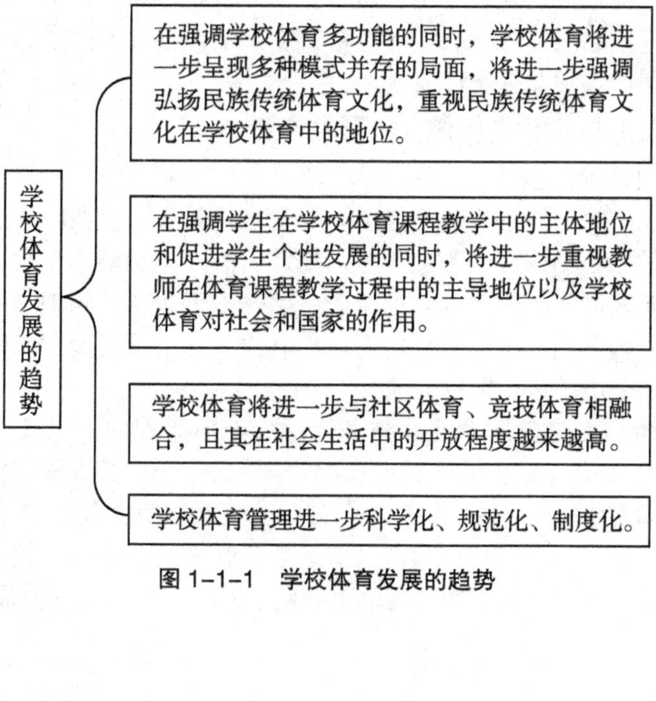

图 1-1-1　学校体育发展的趋势

二、我国学校体育的形成与发展

（一）我国古代学校体育的形成与发展

我国古代学校体育是随着学校教育的发展而产生的，但其发展步伐是滞后和迟缓的。我国在唐代开始实行文举、武举分开的科举制度，宋代开始兴办武学，文武教育于是截然分途。到清末开始学习日本和欧美，开办了近代式的学校，在这些学校中开始有了体操（相当于体育）教育内容，社会上也才开始有了西方式的体育活动。

春秋时期的大教育家孔子的一些思想，对体育的发展有很大的影响，论述如下。

（1）孔子重视人的道德和礼仪建设，在竞技比赛中也主张要把双方的友谊放在第一位。

（2）孔子倡导培养全面发展人才的体育观念：主张通过体育锻炼来达到培养人高尚道德和修养的目的。子曰：“志于道，据于德，依于仁，游于艺。”

（3）孔子提倡的体育精神与奥林匹克精神中的团结、友谊、进步、和平、公平等理念不谋而合，特别是“友谊第一，比赛第二”的竞技观念与奥林匹克追求的参与比取胜更重要的理念更是一脉相通。由此我们不难看出，孔子的体育思想具有普世价值。

总之，在整个封建社会中，由于受重文轻武思潮的影响，学校体育一直未能受到足够的重视，甚至基本被排除于学校教育大门之外，导致学校体育在我国古代的发展比较缓慢。

（二）我国近代学校体育的形成与发展

1. 军国民学校体育的形成与发展

军国民学校体育的产生，是由于对日本的效仿。早在鸦片战争前，就有外国传教士在中国兴办教会学校。在此后的洋务运动中，我国又陆续开办了一些新式的军事学堂和普通学堂，除开设近代科学知识学科外，还设有体操课，内容以兵工体操、普通体操和田径运动项目为主，以击剑、木棒、游泳、爬山等运动项目为辅。

众所周知，维新运动是在洋务运动失败后兴起的。以康有为、梁启超、严复等为代表的维新派积极提倡西学，大量介绍西方资产阶级的科学文化教育等知识，包括西方资产阶级全面发展教育学说，首次提出在学校教育中必须德、智、体三育并重的思想，强调体育在学校教育中的地位和作用。显而易见，这在很大程度上影响了我国学校体育的发展。

后来清政府推出了“新政”，做了一番改革。其中，对教育制度的重大改革就是“废除科举，兴办学校”，并在各类学堂中安排了体操课，标志着我国两千多年来没有体育学校教育的结束。但是，这一时期所开设体育课的教学内容无法引起少年儿童的兴趣，且体育教师资源短缺，方法欠妥，教风极差，使学校体育教学的效果无法达到较理想的水平，同时也无法引起广大民众对参与体育活动的兴趣。

总之，这一时期（1840—1919）军国民教育思想盛行，强调“通过对学生和全体民众进行尚武精神的培养和军事素质的训练，使他们具有军人的品德和体质，以达到“抵御外侮、寓兵于民的教育”，其主要内容包括：“批判传统文弱教育，宣传尚武精神”。在康有为、蔡锷等人的大力推行下，学校教育的宗旨在1906年定为“忠君、尊孔、尚公、尚武、尚实”。虽然那时的军国民教育思想存在局限性，但它对近代体育课程的确立起到了促进作用，推动了近代体育课程的确立，冲破了传统教育重智轻体的束缚，在很大程度上推动了“尚武”风气的形成，以及近代教育和体育课程的发展。

2. 自然主义学校体育的形成与发展

自然主义学校体育的产生与发展，是由于对美国经验的借鉴。美国教育家、体育家威廉姆斯，是自然主义体育思想的主要代表人物之一。经过长期的研究与分析，我们将其主要观点做了总结，主要归纳为五个方面，如图1–1–2所示。

自然主义体育思想中存在合理的部分，对我国学校体育理论与实践能够起到推动作用，能够使人们营造出和谐的教学氛围，培养学生热爱体育的意识与体育习惯，提高教学效果。

在自然主义思想中，还存在着一些不符合我国国情的内容。经过长期的研究与分析，我们对其做了总结，主要归纳为以下四个方面。

（1）它片面强调学生兴趣。

（2）它否认增强体质是学校体育的主要目的。

（3）它否定体育教师的主导作用。如果体育教师不起到主导作用，任凭学生自由发展，那么学校体育教学的目标与任务是无法完成的。

（4）它排斥非自然的、操练性的体育活动，这样一来将导致体育教育效果片面化。

因此，现代体育教育体系的发展是多种体育思想之精华相互作用的结果。1919—1949年，通过对自然主义体育思想的辩证吸收和运用，我国学校体育取得了一些成就并获得了较快的发展。

“五四运动”时期，教育思想空前活跃，用先进、科学的观点论述体育的思想也陆续出现。其中，毛泽东同志1917年在《新青年》上发表的《体育之研究》一文，是众多体育理论文献中最具代表性的。与此同时，这还是我国近代史上最早论述体育的文献。

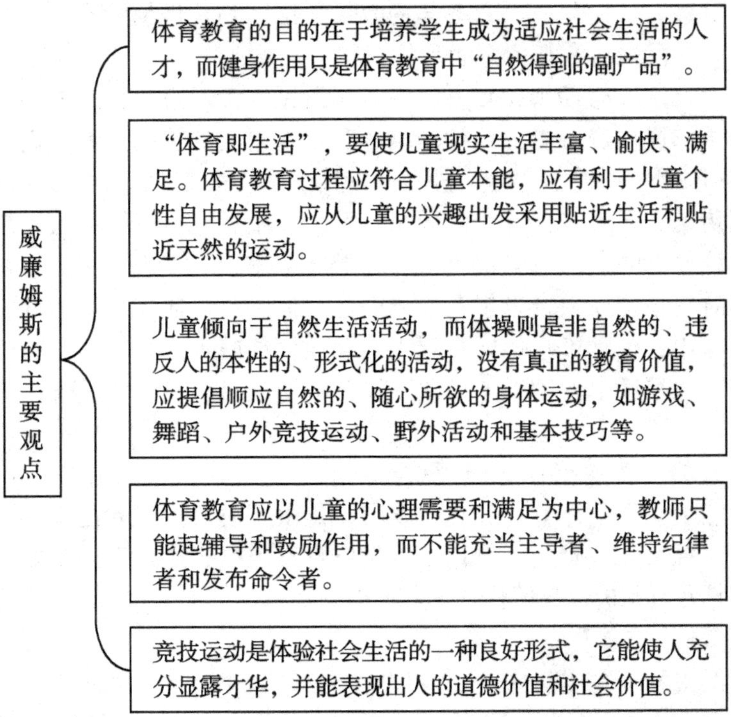

图 1-1-2　威廉姆斯的主要观点

1923年，《新学制课程标准》正式将“体操课”改为“体育课”，设立以球类、田径、游泳、普通体操等近代体育项目为主的体育课程。当时比较流行“三段教学法”“单元教学法”等教学方法，它们存在许多不足之处。虽然如此，但也为学校体育的改革注入了新的活力。

1927年，国民党建立了南京国民政府。同时，中国共产党开展武装斗争，创建了农村革命根据地。在国民党统治区，于1940年颁布了《各级学校体育实施方案》，同时编写了体育教材、教学参考书。但由于受封建思想的影响，体育的发展也极为缓慢，课堂上普遍存在“放羊式”的现象，课外也只重视少数选手的训练。在中国共产党领导下的苏区和解放区，各级、各类学校都开设了体育课和课外体育活动，有着丰富的活动内容，而且经常举行不同类型的运动竞赛和运动会。1941年创建的延安大学体育系，为解放区培养了一批体育干部，从而为新中国学校体育的开展打下良好的基础。

（三）我国现代学校体育的形成和发展

我国现代学校体育的发展，是由于对苏联经验的借鉴。1949 年 10 月，新中国的成立揭开了中国历史崭新的一页，学校体育从此进入了一个全新的发展阶段，取得了巨大成就，但也走过了曲折的发展道路。经过长期的研究与分析，我们对我国现代学校体育的形成与发展做了总结，主要归纳为四个阶段，具体如下。

1. 初创阶段

这一阶段是在 1949 年 ~1957 年。新中国成立之初，党和国家对学校体育工作、青少年学生的身体健康以及体育工作领导机构、体育法规的建设十分重视。早在 1950 年和 1951 年，毛泽东曾两次做出“健康第一”的指示。1951 年 8 月，中央人民政府政务院发布了《关于改善各级学校学生健康状况的决定》。

教育部于 1952 年规定从小学一年级到大学二年级必须开设体育课，并创办了中国历史上第一所体育学院——华东体育学院。同年 6 月 10 日，毛泽东主席题词：“发展体育运动，增强人民体质”，为新中国的体育工作指明了方向和任务。

1954 年，国家体委制定并颁布了《准备劳动与卫国体育制度》（简称《劳卫制》），并要求初中毕业生达到《劳卫制》少年级标准，高中毕业生达到《劳卫制》一级标准。显而易见，它在很大程度上推动了我国学校体育的发展。

1956 年，教育部编辑出版了我国第一部中、小学体育教学大纲，并于 1957 年出版了中、小学体育教学参考书。

2. 蓬勃发展阶段

1977 年至今，是改革开放后新的发展阶段。党的第十一届三中全会召开，标志着我国政治、经济、社会、文化、教育走上了正轨。会后，党和政府实行了一系列改革开放政策，学校体育也进入了新的发展阶段，管理机构逐渐恢复并得到加强。这主要体现在四个方面，具体如下。

（1）管理机构方面

1977 年，教育部（局）设立了体育司，国家体委恢复了学校体育处，各省、市、县教育厅（局）也相应设立了体育卫生处（科）。对于学校体育工作向规范化、制度化、科学化的方向发展而言，这是一种保证。

（2）课外体育活动方面

体育活动的组织形式与内容十分丰富。修改后的《国家体育锻炼标准》

更加切合实际，所以可操作性更强。

（3）师资队伍建设方面

为了加强对体育师资的培养，党和政府在有条件的师范院校和综合性大学建立体育系、科，同时扩大现有体育系、科的招生名额。在中等师范学校增设体育班，并举办了不同层次的进修班。这在一定程度上解决了体育师资短缺的问题，并提高了师资的质量。

（4）课程改革方面

1979 年 10 月，教育部和国家体委联合下发了《高等学校体育工作暂行规定》《中小学体育工作暂行规定》。同时，各种国外的体育思想和体育教学理论与方法，如结构教学法、快乐体育、成功体育等，开始在学校体育界广泛传播和实验。但多数述论和改革都集中在教学改革方面，很少有论述学校体育思想和体育课程理论的。在 20 世纪 90 年代以前，以“三基”和“三中心”为特色的主智主义体育教育特色并未发生根本改变。1979 年至 1999 年的 20 年时间内，先后流传了三种思潮——快乐体育、终身体育、成功体育，呈现出多元化的发展趋势。

1950 年小学体育暂行标准：体力基础——健美体格、运动习惯、团结友爱。

1956 年小学体育教学大纲：为建设保卫祖国服务——全面锻炼、全面发展。

1962 年体育教学大纲：增强体质、服务学习和劳动、健康、能力、技能和道德，提高部分运动基础较好的学生的运动技术水平。

1978 年中学体育教学大纲：一个目的（培养建设者保卫者）三项基本任务。

1987 年体育教学大纲：终身体育、发展个性、陶冶情操、创造精神。

1992 年义务教育大纲：卫生教育、活动类课程。

1997 年高中体育大纲：必修—选修，全面锻炼增进健康、知识、技能、意志、能力——终身体育基础、品德情操。

2000 年体育与健康教学大纲：突出“健康第一”的指导思想和学会学习等。

20 世纪 80 年代以来，开展了快乐体育实验、体育与健康教育相结合的实验。

1990 年 3 月 12 日，颁布了《学校体育工作条例》，标志着我国学校体育已进入法制化管理轨道。与此同时，还印发了《中小学体育器材设备配备目录》。

1993年，颁发《九年制义务教育体育教学大纲》和教材。

1995年8月29日，颁布《中华人民共和国体育法》（1995年8月29日第八届全国人民代表大会常务委员会第十五次会议通过）。

1997年，《全日制普通高级中学体育教学大纲》在部分省、市试行，并于2000年在全国范围内实施。

通过分析我国体育在20世纪的发展，我们可以得知：我国体育在一定程度上完成了时代所赋予的任务，中国体育已经实现了冲出亚洲、走向世界的目标。然而，完成了这个任务并不等于说就已经实现了从传统体育向现代体育的完全转变。实际上，传统体育观念与现代体育观念的冲突、传统体育体制与现代体育管理体制的碰撞，仍然是当代中国体育的主要矛盾。由此我们不难看出，这时并没有完全实现体育观念和体育体制的“转型”。

新世纪以来，我国迎来了新一轮体育课程改革。2001年，教育部印发了《基础教育课程改革纲要》；2003年，颁布并实施了《普通高中体育与健康课程标准》。

在课程名称、指导思想、目标体系、学段划分、内容标准、教学时数、评价方法等方面，新的课程标准与以往相比产生了根本变化，体现了将素质教育的理念落实在课程标准之中的初衷，表现出体育课程的新特征，标志着我国学校体育进入了科学人文主义的发展时期。学校体育教育由学科型结构向学习型结构转移，尊重学习者的本性和要求，强调体育课程同青少年生活的联系，向适应学生身心特点和个性发展的需要方向发展。

2002年，《全国普通高等学校体育课程教学指导纲要》（以下简称《指导纲要》），对高校体育课程提出了新的要求。

2006年，召开了新中国成立以来首届全国学校体育工作会议。

2007年5月7日，教育部颁发了《中共中央国务院关于加强青少年体育增强青少年体质的意见》（简称中央七号文件）的通知。同年，启动了“亿万学生阳光体育工程”。

2010年，颁布了《国家中长期教育改革和发展规划纲要》（简称《教育规划纲要》）。

2011年，教育部颁布了《关于大力推进教师教育课程改革的意见》等。与此同时，还颁布了《义务教育体育与健康课程标准》。

第二节　学校体育的作用与功能

一、学校体育的作用

经过长期的研究与分析，我们对学校体育的作用做了总结，主要归纳为以下四个方面。

（一）提高了我国的国民素质

如今，中共中央把学校体育作为发展体育事业的战略重点。其原因在于，一个国家的体育基本上是由学校体育、社会体育、竞技运动组成的，而学校体育是整个体育的基础。

身体素质、文化素质、心理以及品德素质，均属于国民素质的范畴。国民体质的强弱与国力强弱和民族的兴旺发达有十分紧密的联系。学生时期是长身体的时期，特别是中小学生正处在生长发育的旺盛阶段，而人的生长发育水平受多方面因素（如种族、气候、遗传以及生活环境、营养、疾病、体育锻炼等）的影响，其中，体育锻炼是影响人体生长发育极其重要的因素。在学生时期加强体育锻炼，能促进身体的正常生长发育，增强体质，为一生的健康打下良好的基础。相关研究表明，如果青少年学生这一代的身体比较强壮，那么就能产生一种积极的现象——我国国民的体质一代胜过一代，从而使中华民族的体制水平得到显著提高。

因此，学校体育的良性发展会对整个国民的体质、进而国民素质，起到重要的奠基作用。

（二）推动了社会主义精神文明建设

文化建设与思想建设，是社会主义精神文明建设的两大部分。体育是文化建设的一项重要内容，也是思想建设的重要手段之一。学校体育除能增强学生体质、为社会主义物质文明建设服务外，还能对学生精神方面的发展起到促进作用。

体育的一个显著特点是竞争性强，比赛可培养拼搏精神和创新精神以及高度的责任感、荣誉感，能给青少年儿童带来成功体验，使其得到满足感与愉悦感，并增强自信心。在“为国争光、振兴中华”的口号鼓舞下，广大学生通过身体锻炼、运动训练，不断受到爱国主义思想教育，争当有理想、有道德、守纪律的社会主义事业接班人。

（三）培养了优秀运动员

竞技运动水平的高低，与国家的声誉密不可分，而且还能反映国家的科技水平、经济实力以及国民的身体素质。由于各个项目只有经过多年系统的训练，才能达到世界水平，因此必须从青少年儿童中发现并培养大批后备力量，为此各国也都把希望寄托在各级学校学生身上。比如，美国许多高水平运动员直接来自学校；民主德国从 20 世纪 60 年代开始就大抓学校体育，狠抓少年儿童的业余训练和竞赛，并很快进入世界体育强国之列。由此，我们不难看出，对于我国社会主义体育的发展而言，学校体育起到了长期的、全局性和基础性的作用，具有战略意义。

（四）丰富了现代社会生活

实际上，在终身体育中，学校体育是一个中间环节，具有承前启后的作用。为了使读者更好地了解这部分内容，我们制作了图 1-2-1。

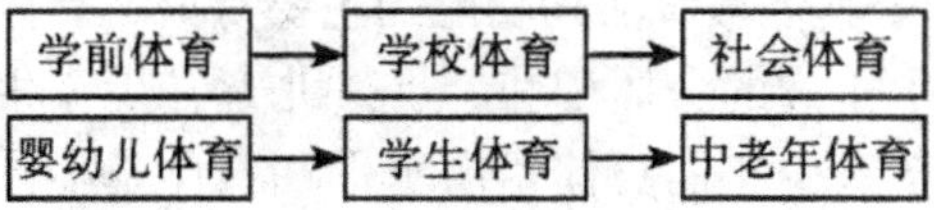

图 1-2-1　学校体育与终身体育的关系

学生时代受到良好的体育指导和培育，特别是对体育运动本质和价值的正确认识，为充实个人中老年时的业余生活打下坚实的基础，从而使更多人的生活质量得到提高，并增强了其幸福感。

加强学校与家庭、社会在体育方面的联系和活动，可以提高社会生活的丰富性。比如，组织教师、学生、家长共同参加体育活动和竞赛，加强他们之间的交往，使其感情与乐趣得到增强。学校、社会的体育场地、器材互相开放，不仅能够合理、有效地利用现有的体育设施和资源，还能够对学校、社会生活起到活跃、丰富的作用。

另外，学校体育的发展，对运动服、运动鞋以及运动器材设备等的需求、数量越来越大，质量要求也会不断提高。这种需求将十分有利于社会的生产、生活。

二、学校体育的功能

学校体育功能[①]的有效发挥，无疑是学校体育系统运行正常的表现。如果学校体育系统运行出现偏差，那么就会使其功能得不到有效发挥，甚至产生负面功能。因此，维护学校体育系统的正常运行，是实现学校体育

① 所谓学校体育功能，是指学校体育在一定环境和条件下，对个人和社会所能够发挥的作用。

功能的基本保障。由于学校体育既具有教育的属性，又具有体育的属性。由此，我们可以看出，在学校这一教育环境中，学校体育功能是教育功能和体育功能相互结合的反映。

经过长期的研究与分析，我们对学校体育的功能做了总结，主要归纳为四个方面，具体如下。

（一）本质功能

“育人”就是学校体育的本质功能。从大体上来讲，学校体育的本质功能可以分为以下三类。

1. 健身功能

在学校体育的众多功能中，健身功能处于核心位置。学校体育是以身体练习为主的教育实践活动，活动中学生要承受一定的运动负荷，因而有利于学生有机体的新陈代谢，对增进学生体质健康具有积极的作用。健身功能是学校体育功能区别于其他教育活动功能的主要特征，具体表现如下。

（1）养成学生正确的身体姿势，促进儿童青少年生长发育。

（2）提高儿童青少年的身体素质水平和身体基本活动能力。

（3）提高学生有机体机能活动水平。

（4）增强学生对外界环境的适应力和对疾病的抵抗力。

2. 益智功能

学校体育对学生的智力发展、特别是对身体动觉智力水平的提高，具有不可替代的作用。其主要表现如图 1–2–2 所示。

3. 塑美功能

学校体育是以对人类优秀运动文化的学习体验乃至创造为过程的教育实践活动。在活动过程中，学生要全心全意地参与。他们在欣赏、感受人类运动文化之美的同时，其身心也经历了一次美的洗礼和塑造过程。因此，学校体育对培养和提高学生认识美、欣赏美、创造美的能力具有重要作用，主要有以下四个方面的表现。

（1）通过学习体验优秀运动文化，可以提高学生许多方面的素养水平，如美的需要、美的情操、美的观点、美的欣赏和审美能力，等等。

（2）通过对具有形象美动作特点的项目（如艺术体操、健美操、武术、舞蹈等）的学习，可以培养学生感知美、鉴赏美、评价美、表现美和创造美的能力。

（3）通过身体锻炼，可以培养学生落落大方的风度，以及匀称的体格、矫健的动作、健美的姿态。

（4）通过学校体育场馆布局、场地器材的布置等美的情景构建，对学生施以美的感染、熏陶和陶冶。

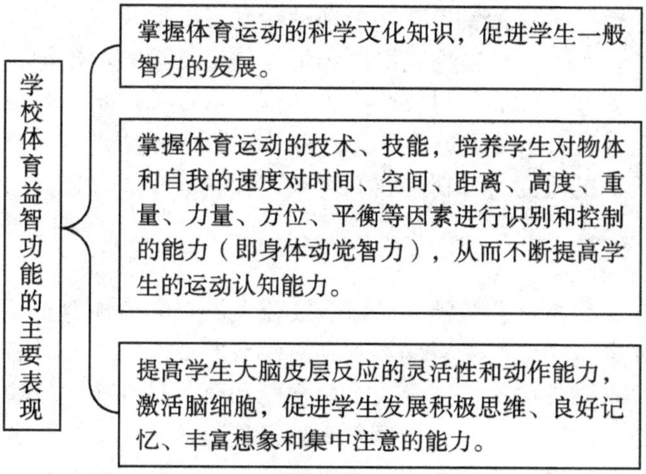

图 1-2-2　学校体育益智功能的主要表现

（二）经济功能

学校体育通过改善和提高学生的身体素质，培养合格劳动者，可以带动社会经济增长。学校体育的某些领域的活动可以进入市场，根据市场法则进行交换，以实现经济价值；学校可利用经济手段来弥补教育经费的不足。

（三）政治功能

学校体育具有两种属性——教育属性与体育属性。由此可见，学校体育具有上层建筑的性质，服务于上层建筑的建设，所以它是具有一定政治功能的。

（四）文化功能

在体育文化的传播中，学校体育无疑是一个途径，而且是一个很重要的途径。学校体育通过开展学校体育活动，既可以充实学生的文化生活，又能够对其他社会文化产生积极效应。

三、学校体育的目标

实际上，学校体育的目标[①]指明了学校体育工作的方向，是学校体育工作的出发点和归宿。经过长期的研究与分析，我们对其做出了总结，主要归纳为以下三个方面。

① 所谓学校体育的目标，是指在一定时期内，学校体育实践所期望达到的结果。

（一）确定学校体育目标的依据

确定学校体育目标要反映国家和社会发展的需要，要适应学生身心发展的需求和特点，还要考虑我国的国情。制定科学的学校体育目标对学校体育理论和实践的发展，对整个教育和体育事业的进步，乃至对人才培养质量的提高，具有十分重要的意义，需引起我们的重视。

经过长期的研究与分析，我们对确定我国学校体育目标的依据做了总结，主要归纳为以下五个方面。

1. 社会需要

社会需要是指社会政治、经济、文化发展对学校体育提出的要求。这一要求主要通过国家对教育的要求和对体育的要求，以及教育、体育对学校体育的要求体现出来。“育人”的规则和要求是其集中反映。党和政府的有关法令、政策、方针、指导等文件，是国家和社会需要的集中反映和概括，而且教育家、体育家的学术思想和观点，也反映在党和政府的这些文件中。

2. 国情条件

我国现处于社会主义初级阶段，党和政府对学校体育工作予以了很高的重视，对学校体育工作有统一的指导和管理，学校体育必须坚定不移地为培养社会主义事业的建设者和接班人服务。《国家学生体质健康标准》（2014 年修订，以下简称《标准》），是我国监测青少年体质健康状况的指令性文件。新《标准》取消了选测项目内容。在分组上，小学、初中、高中按每个年级为一组：大学一、二年级为一组，三、四年级为一组。在各组中，身高、体重、肺活量、50 米跑、坐位体前屈等是必测项目。在大学生和中学生中，男生必须测 1000 米跑和引体向上，女生必须测 800 米跑和 1 分钟仰卧起坐。结合 2010 全国学生体质调研结果，如何在搞好学校体育教学工作的同时，促进学生体质标准稳步提升，已成为新时期学校体育的主要目标。

3. 学校体育功能的需要

由于学校体育功能是其结构特性的反映，所以在确定学校体育目标的时候，必须要考虑学校体育本身具有什么功能，这些功能与学校体育目标的关系，这些功能能否支撑学校体育目标的实现。只有考虑好这些，才能真正地实现目标，而且还能充分发挥出学校体育的功能。

4. 学生身心发展的需要

学生是学校体育的主体，所以其身心发展需要是学校体育目标制定的客观要求。学校体育目标只有适应学生身心发展需要，才能具有客观性和可行性。学校体育目标需以此为依据，充分体现不同学段学生的身心发展特点。学生需要与社会需要并不矛盾，适合学生身心发展需要是满足社会需要的前提，满足社会需要可以保证学主身心正常发展，使其获得最大发展的可能性得到增强。

5. 不同地区的经济发展水平和特点

除了以上我们谈及的四个方面，还有一点需要考虑——不同地区的经济发展水平和特点。其原因在于，我国经济发展不平衡，有经济发达的东部沿海地区，也存在经济落后的西部地区，学校体育本身发展水平也不平衡。特别是我国计划生育政策带来了现今家庭结构的简化，使家庭规模缩小，家庭代际养老功能弱化。大批农民离开农村进城务工或从事其他非农产业，成为以工薪收入为主要生活来源的新兴农民，从而产生了留守儿童和流动儿童群体，造成了农村学校规模缩小，城市学校教育压力增加的趋势，产生了城市学校学生均运动场地面积减少、学校体育场地简陋、器材短缺等问题。此外，还有一些情况给学校体育带来了新的挑战，如流动儿童和留守儿童体育基础薄弱，自信心不足，等等。

（二）学校体育的具体目标

1. 加强学生身体锻炼，提高学生体质健康水平

通过多种体育途径，组织指导学生主动地、科学地锻炼身体，促进其身体的正常生长发育，全面发展学生的身体形态、身体姿势、身体机能、身体素质、身体基本活动能力以及运动能力、环境适应能力、疾病抵抗能力和精神状态等方面，使其体质健康水平得到提高。

小学和初中阶段的学生，其身体生长发育速度比较快，重点要促进身体正常发育，养成正确的身体姿势，增强体力，发展身体基本活动能力，把握住身体素质发展的敏感期，全面发展身体素质。到高中阶段，学生生长发育速度减缓，体育教育的重点是要保持并增强体力，继续发展学生身体素质，特别是力量和耐力素质。大学阶段学生身体发育已近完成，要继续加强锻炼并提高要求，可以结合不同专业对身体素质的特殊需要，有针对性地发展专业所需身体素质，使体质健康水平得到进一步的提高。

2. 促使学生掌握知识技能，培养兴趣与良好习惯

学校体育要通过体育课、阳光体育活动、学校运动训练与竞赛等组织形式，对学生进行体育、卫生保健与健康等方面的教育，使学生掌握体育、卫生保健、健康等方面的基本知识，发展基本的活动技能和运动技能。

对于小学生、初中生、高中生、大学生，要制定不同的学校体育目标。

小学生重点要了解体育、卫生保健、健康生活、安全生活的一般常识，掌握一些体育的基本动作，发展自然运动能力和基础的运动技能，培养学生的体育兴趣、良好的体育态度和热爱运动的情感。初中生要适当加强对体育知识和运动技术技能的学习，培养学生独立锻炼的态度、情感和能力。高中和大学生则要加强体育、卫生保健和健康知识的教育，保持和提高所学运动技能水平，掌握锻炼身体的方法，形成运动特长，为终身体育打下坚实的基础。

3. 促进学生个性全面发展

应通过各项活动，教育学生为社会主义现代化建设锻炼身体，提高团队意识和社会责任感，培养学生热爱社会主义祖国、遵纪守法、公正诚实、勇敢顽强、果断坚毅、拼搏进取、竞争协作、开拓创新等良好的思想品德和体育作风，并使其认识美、爱好美和创造美的能力得到培养，从而促进学生个性全面发展。

小学阶段要使学生体验运动的乐趣、热爱运动，培养学生团结友爱、遵守纪律、自尊自信、勇敢顽强、乐观向上等品质和热爱祖国的情感；中学阶段强调要使学生树立正确的思想道德观念和态度，并结合体育的特点，对学生施以生动活泼的思想品德教育和审美教育，培养其进取精神、拼搏精神、团队精神、创新精神和美的情操，使其终身锻炼的意识与习惯逐渐得到培养。

4. 发展学生运动能力，为国家培养体育后备力量

学校在使每一名学生都得到体育锻炼的基础上，应对部分体育基础较好并有一定运动天赋的学生，在课余时间进行科学的运动训练，进一步提高他们的体质健康水平，发展他们的运动能力，形成运动特长，培养学校群众体育活动的骨干，为提高学生竞技运动水平服务。有条件的学校，要为国家培养和输送竞技体育和其他体育人才及后备力量。

在小学和中学阶段，重点是选好苗子，培养他们的兴趣，并助其打好基础，特别要注意处理好课余训练与文化课学习的关系，要在保证学生文化学习的基础上，对学生进行训练。通常情况下，大学阶段要通过课余训练为学校群众体育活动培养骨干；部分招收高水平运动员、体育条件较好的大学和体育院校，则要承担起提高我国学生竞技运动水平的责任，努力攀登世界竞技运动高峰，并积极探索包括“教体结合、建设高水平体育俱乐部”等多种渠道和形式在内的长效机制。

（三）实现学校体育目标的要求

实现我国学校体育目标的基本途径有很多，包括体育课和阳光体育运

动、大课间体育活动、早操、学校运动训练、学校运动竞赛、校外体育活动、家庭体育活动，等等。这些基本途径既有区别又有联系，在实现学校体育目标过程中，各自的主要目标指向也各有侧重。因此，要注意各种途径的特点，使之相互配合，共同实现学校体育的目标。经过长期的研究与分析，我们对实现学校体育目标的基本要求做了总结，主要归纳为以下四个方面。

1. 贯彻落实相关国家方针、政策，摆正学校体育的位置

学校体育是教育的组成部分，也是体育的组成部分，在全面发展教育和国民体育中发挥着基础性作用。正确理解学校体育的地位作用，摆正学校体育的位置，对社会主义现代化建设具有重要战略意义。所以要端正办学态度，排除各种干扰，采取强有力的措施，保证国家的教育方针和有关体育政策落到实处，从而服务于社会主义现代化建设合格人才的培养。

2. 遵循系统的思路开展学校体育工作

坚持"健康第一"的学校教育指导思想，以"健康第一"为标准衡量学校的各项工作，切实加强学校体育卫生工作。换句话来讲，就是要遵循系统的思路开展学校体育工作。我们将其总结为以下五个方面。为了使各位读者更好地了解这部分内容，我们制作了图 1–2–3。

3. 提高学校体育管理的科学化水平

提高学校体育管理的科学化水平，对实现学校体育工作的高效低耗和可靠输出，具有至关重要的意义。为了达到这一要求，需做好四个方面的工作，具体如下。

（1）改革我国学校体育管理体制，优化运行机制

建立优质高效的、符合我国国情的学校体育政府管理机构，改进协调教育与体育系统的职能，促使二者合理分工、各司其职、加强联系；发挥政府、社团、学生家庭三方面的积极作用；优化学校体育内部运行机制，明确责任；加强学校体育专项督导工作。

（2）加强体育师资队伍建设

毋庸置疑，加强体育教师队伍建设，是做好学校体育工作的关键，主要体现在以下三个方面。

①要配足体育教师数量，特别是农村体育教师的配备一定要充足。

②要提高体育教师质量，采取多种措施来加强体育教师继续教育工作。比如，提高体育教育专业办学水平、鼓励在职教师培训进修、表彰优秀体育教师，等等。

③要改善教师待遇，切实提高教师经济地位和社会地位。

遵循系统的思路开展学校体育工作

- 学校体育要面向全体学生，使每一个学生得到体育锻炼，促进所有学生身心健康发展。
- 合理安排学校各门课程，处理好学生锻炼、休息、学习、营养、卫生、保健等各项活动之间的关系，使学生的负担得以减轻。
- 要开足并上好体育课，开展丰富多彩的课外体育活动、课余运动训练与竞赛，发挥家庭体育及校外体育活动的作用，加强对学校体育活动的组织和指导，确保学生每天都有1小时的锻炼时间。
- 坚持学校体育与卫生保健、健康教育相结合，统筹安排学校体育工作与卫生保健工作，并使二者密切配合，共同促进学生体质健康水平的提高。
- 处理好普及与提高的关系，坚持以普及为主，在普及的基础上提高，在提高的指导下普及。

图 1-2-3　遵循系统的思路开展学校体育工作

（3）保障学校体育运行的基本物质条件，加大学校体育经费投入

体育经费、场地、器材等物质条件，是学校体育各项工作顺利实施的基本保证。要做到以下两点。

①政府要加大教育投资，保证《国家中长期教育改革和发展规划纲要（2010—2020 年）》提出的目标顺利实现，即“使国家财政性教育经费支出占国内生产总值在 2012 年达到 4%”。

②要调动社会各有关单位、团体和家庭的积极性，发动社会力量资助学校体育，以弥补学校体育经费的不足，要形成国家、社会、家庭三方面共同关心青少年体质健康的合力，从而逐步改善学校体育物质条件。

（4）贯彻落实学校体育法规与政策，继续加强学校体育立法工作

要贯彻落实中共中央国务院《关于加强青少年体育增强青少年体质的意见》（中发［2007］7 号），加强督导，对落实不力的地区、部门、学校，要坚决追究其主要责任人的责任。此外，还要继续做好有关学校体育立法工作，建立一整套学校体育的规章制度和科学的评价标准，使学校体育工作科学化水平得到稳步提高。

4. 学习经验，弘扬优秀传统，处理好继承与发展、学习与创新的关系

建设有中国特色的学校体育体系，是历史赋予我们的使命。因此，学校体育必须要做到以下两点。

（1）继承我国各民族优秀的传统体育文化。继承并不是不加选择分析地照搬，而是要结合当今社会的发展特点和现代教育、体育的需要，

对民族传统体育文化“取其精华、去其糟粕”，使之在现代社会中重获新生。

（2）建设中国特色的学校体育，还必须学习、借鉴国外学校体育发展的成功经验，对国外学校体育的理论和经验，不可全盘照搬，同时也不可完全排斥，而要从我国的实际出发，吸取有益的精华，剔除糟粕和不适合我国国情的东西，并结合我国学校体育的特点，加以改造和创新，从而达到为我所用的目的。显然，只有坚持自己的民族特色，才能使我国的学校体育在世界学校体育之林占有一席之地，并使其更加顺利地向国际化方向发展。

第二章 学校体育教学研究

作为学校教育工作的重要组成部分，体育教学工作在学校日常工作中占有重要地位。与其他学科比较，体育教学除了具有一般教学的特性以外，还具有丰富的个性。

第一节 体育教学的概念及特点

体育运动是当今社会逐渐提倡的国民运动，它包括水、陆、球类等多个领域的运动，对于提高身体素质和愉悦身心起到了积极意义。下面我们就体育运动教学的概念和特点做一个介绍。

一、体育的概念与功能

体育分多种形式，其领域涉及很广，主要以大众接受的项目为普遍，其功能根据运动项目的不同而有所不同。下面我们在这两个方面详细阐述。

（一）体育的概念

狭义的体育指的是体育教学，是通过身体活动增强体质，传授锻炼身体的知识、技术与技能，培养道德和意志品质的有计划、有目的的教育过程。它是教育的组成部分，是培养全面发展的个性的一个重要方面。

广义的体育即体育运动，是以身体练习为基本手段，以增强体质、促进人的全面发展、丰富社会文化生活和促进精神文明建设为目的的一种有意识、有计划的社会文化活动，包括学校体育、群众体育和高水平竞技体育等。

体育区别于其他社会文化活动的基本特征，是以增强人的体质为本质目的，所采用的手段以身体练习为主。其主要活动方法有体育教学（physical education）、运动训练（sport training）、运动竞赛（sport competition）、身体锻炼（physical exercise）、身体娱乐（physical recreation）等。

（二）体育的功能

从广义的角度来看，体育的功能（function of sports）延伸到国家的军事、教育、政治、经济、文化等各个领域。

1. 教育功能

体育的教育功能（educational function of sports）是指体育的内容和手段对于教育改革发展的促进作用。根据体育的概念，狭义的体育就是体育教学，它是教育的组成部分，当然具有教育的功能。而竞技体育，尤其是国际体育竞赛更能培养运动员的爱国主义精神，树立民族精神的自豪感。竞技训练与竞赛对于磨炼学生的意志、培养顽强拼搏精神、塑造完美人格、弘扬集体主义精神等方面的教育具有独特作用。

2. 文化功能

体育的文化功能（cultural function of sports）是指体育的内容和手段对于文化建设的促进作用。《体育科学词典》对体育定义的中心词是一种社会文化活动，可见体育具有明显的文化属性。从体育的内容上看，体育是文化内容的重要组成部分，如体育的竞技表演所需要的一切构件都与文化的内涵紧密联系；从体育的表现形式上看，体育所追求运动的健、力、美又都是文化艺术欣赏领域的最高境界；从体育的目标上看，体育与文化一样，具有丰富人们文化生活、陶冶情操的功效，并共同参与社会文明建设。

3. 经济功能

体育的经济功能（economic function of sports）是指体育的内容和手段对于经济建设的促进作用。人类社会步入 21 世纪以来，体育在经济建设和社会发展中扮演了越来越重要的角色，体育正在为人类带来巨大的经济效益。例如，根据国际奥委会的统计，里约奥运会 2013 年至 2016 年的准备阶段和 2016 年赛会时期的转播权收入共计约 41 亿美元。

近年来，有学者提出体育的本体产业和体育的相关产业的概念，得到学界的认同。体育的本体产业包括体育健身娱乐业、体育竞技表演业和体育彩票业等；体育的相关产业包括体育用品制造业、体育旅游业等。但无论如何，体育巨大的经济功能是显而易见的。

4. 政治功能

体育的政治功能（political function of sports）是指体育的内容和手段对于政治建设的促进作用。众所周知，“乒乓外交”是有效地促进中美政治交往的典范，一直以来在体育及政治界传为美谈。

古老的奥林匹克格言“更快、更高、更强”（faster，higher and stronger）使全世界不同民族、不同信仰、不同政治观点的国家和地区的运动参与者聚集在一起，共同公平竞争，交流运动的体验，共同收获体育的成果，没有世俗，没有偏见，这就是体育的魅力。现代社会的进步与发展，把体育推向了高潮。体育广泛渗透到社会发展的各个领域，成为人们生活中不可缺少的一部分，并正在成为人类社会文明进步的重要标志。

当把体育事业的发展纳入到国家和地区发展的政府规划中时，就已经清晰地表达了执政党的政治需求和愿望。如中华人民共和国《体育法》、日本《体育振兴法》等法规政策的出台就是最好的体现。可以预见，体育的政治功能将会随着社会的发展而体现的日益强烈，成为国家和地方政府政治建设、服务为民的重要指标。

5. 军事功能

体育的军事功能（military function of sports）是指体育的内容和手段对于军事与国防建设的促进作用。

在原始部落之间的争斗和古代的冷兵器作战中，都是身体近距离的格斗，因此，身体素质的强弱及格杀技巧的掌握至关重要。当时用于训练士兵的内容和手段大部分都是体育的内容，如格斗技巧的训练与现代武术、拳击等运动项目类似。在现代高科技背景下，现代化、多兵种、大兵团、大规模、远距离的综合作战，更需要身体素质过硬的作战人员。军事特种体育与竞技体育相互借鉴、相互渗透，极大促进了部队的军事训练，为提高部队战斗力发挥了重要作用。

体育的军事功能还表现在以军事体育为主要内容而进行的军事外交上。如国际上每 4 年一届的世界军人体育大会，以及不同兵种之间的军事访问，都离不开体育的内容。

二、体育教学的概念与功能

体育应用于教学形式主要存在于学校中较为普遍。随着社会的发展，体育教学也随之发展，在教学中，其功能也随着教学目标的发展而不断变化。

（一）体育教学的概念

体育教学（physical education），是指学生在教师的指导下，系统学习并掌握基本的体育知识，培养参与体育的兴趣、习惯和能力，全面发展身心素质的教学过程，也可理解为体育教学过程（teaching process of physical education）。

（二）体育教学的功能

通常情况下，论述体育的功能，主要是指广义的体育；而体育教学的功能，显然是指狭义的体育，并包含在前者在内。根据体育教学的定义和特点，体育教学的功能可以归纳以下几点。

1. 健身功能

体育教学的健身功能（physical function of physical education）是指体育

教学可以促进学生身体发育，增强体质。青少年儿童适时参加科学的体育活动，有利于促进身体发育，锻炼良好的体魄，已得到科学界的广泛认同。

强身健体是体育的本质功能，也是体育教学的基本任务。通过科学的身体练习，学生在掌握一系列的运动技术的过程中，其机体承受着一定的生理、心理负荷，并产生良好的适应，从而使机体的生理功能和运动素质得到有效的提高，达到健身目的。

2. 智育功能

体育教学的智育功能（cultural function of physical education）是指体育教学可以促进学生知识的增长。体育本身也是一门科学，通过体育教学，可以丰富学生的知识结构，进一步拓展知识面，为进一步深造打好基础。

体育教学，要传授给学生体育知识与技术，增长体育见识，培养体育兴趣。通过体育教学，学生可以了解体育锻炼的基本原理，掌握一定的体育锻炼、竞赛活动的方法与技巧，逐步养成自觉参加体育锻炼的习惯，打好终身体育的基础。

3. 德育功能

体育教学的德育功能（moral function of physical education）是指体育教学可以促进学生良好思想品德的形成。多数体育运动（游戏）是通过集体参与来实现的。根据运动规则，参与双方只有遵守既定的规则，运动竞赛（游戏）才能继续。因此，遵守纪律是前提，团结合作是取胜的关键。

通过体育教学与比赛，可以培养学生自觉遵守体育规则（纪律）的习惯。为了取胜，学生们还必须学会相互团结、通力合作，充分发挥集体的力量。在练习和比赛过程中，还必须学会尊重对手和裁判，关心同伴，自觉维护体育秩序。系统的体育教学有利于陶冶学生良好的情操，塑造其完美的人格。

4. 美育功能

体育教学的美育功能（aesthetic function of physical education）是指体育教学可以促进学生审美意识与能力的提高。体育运动集健、力、美于一体，无论是静态的人体造型，还是动态的运动节律，都蕴藏着美的要素，体现着人们对美的向往。体育运动中的美学要素不仅仅表现在运动的过程中，还淋漓尽致地体现在运动的结果上。无论是运动参与者通过科学的体育锻炼而获得的完美的身体曲线，还是游戏双方通过激烈、公平、友谊比赛而取得的成绩，都使运动参与者们感到极大的成就感和无限的审美情感。

通过体育教学，还可以培养学生对体育运动的审美意识，树立正确的人体及运动的审美标准，体验积极、健康的审美情感，进而提高学生的美学素养。

三、体育教学的特点

体育教学同其他学科一样，是有其符合的发展规律的，其特点也必然符合体育教育事业的自然发展规律。

（一）身体直接参与

体育教学的最主要特点是参与者直接从事各种身体练习，进行运动技能学习。

（二）身体需要承受相应的运动负荷

学生在进行各种身体练习的过程中，机体各器官系统，尤其是运动系统、神经系统、心血管系统等都积极参与了活动。学生的身体承受着一定的运动负荷，使其新陈代谢活动加快，能量消耗增加，身体的疲劳也随之产生。因此，运动负荷安排得合理与否直接与学生的健康相关。

（三）体力与智力活动相结合

在体育教学过程中，学生在从事各种身体练习时，需要具有一定的体能，也需要进行一系列积极的思维活动，其身体活动过程也是人的思维、想象、情感和意志等特征的外显。

第二节　体育教学目标与内容

体育教学是完成体育学习项目的主要组成，学校体育教学主要以阶段性教学为主，每个项目的内容不同，其目标也各不相同。

一、体育教学的目标

体育教学的目标根据体育教学内容不同有很大差别，再加上每个学生具体的身体素质参差不齐，其各阶段的教学目标也相应发生变化，具体如下。

（一）广义教学目标

在我国教学理论的专业术语中，“教学目标”或“教学目的”并没有明确的含义，在使用上也比较混乱。我国教学论对教学目标的阐述一般是在“教学任务”的标题下进行的。例如，华中师范大学等五校合作编写的《教育学》提出，教学任务包括三个方面：①向学生传授文化科学基础知识和基本技能，即所谓的“双基”；②发展学生的认识能力（或能力、智力）和体力；③培养学生的辩证唯物主义的世界观和共产主义道德品质。这三个方面的教学任务也就是对教学目标所作的初步分类。

美国教育心理学家罗伯特·M. 加涅（1916—2002 年）的关于教学目标的分类具有一定的代表性。他在《学习的条件》一书中提出了构成教学目标的学生五种能力：智力技能（intelligence and ability）、认知策略（cognition strategy）、语言信息（language information）、运动技能（motor skills）和态度（attitude）。

（二）体育教学目标

体育课程教学是实现学校体育工作的中心环节和重要基础，体育教学目标即体育课程目标。根据课程的性质，课程可分为公共课程和专业课程。不同层次、不同类型的学校，体育课程的教学目标又有所区别，但教学要求随着年龄的增长而提高。下面着重阐述公共体育课程的教学目标问题。

1. 九年义务教育阶段的体育教学目标

根据教育部《义务教育课程设置实验方案》，我国教育总体培养目标的主要内容包括，全面贯彻党的教育方针，体现时代要求，使学生具有社会主义民主法制意识，遵守国家法律和社会公德；具有爱国主义、集体主义精神，热爱社会主义，继承和发扬中华民族的优秀传统和革命传统；具有健壮的体魄和良好的心理素质，养成健康的审美情趣和生活方式，逐步形成正确的世界观、人生观与价值观；具有初步的创新精神、实践能力、科学和人文素养以及环境意识；具有适应终身学习的基础知识、基本技能和方法等。课程设置的原则是：①均衡设置课程；②加强课程的选择性；③加强课程的综合性。

义务教育课程设置的有关说明指出：1 ~ 6 年级设体育课，7 ~ 9 年级设体育与健康课，均应贯彻“健康第一”的原则。7 ~ 9 年级体育与健康课程标准中要求的健康知识，应在学生进行相关体育活动时，使学生了解，但不得组织笔试。九年义务教育体育与健康课程共分为四级学习水平。

2. 普通高中阶段的体育教学目标

《普通高中体育与健康课程标准》对体育课程的性质做出了界定，其指出高中体育与健康课程是一门以体育与健康知识、技能和方法为主要学习内容，以身体练习为主要手段，以增进高中学生健康为主要目标的必修课。坚持“健康第一”的指导思想是课程设计理念的核心。

其目标具体分为运动参与、运动技能、身体健康、心理健康和社会适应五个方面。为了与九年义务教育体育与健康课程的四级学习水平相衔接，《普通高中体育与健康课程标准》设置了水平五、水平六两级水平和七个系列（包括球类项目、田径类项目、水上或冰雪类项目、体操类项目、新兴运动类项目、民族民间体育类项目六个运动技能系列以及一个健康教育专题系列）。

（1）运动参与目标

①学生能够自觉地参与到体育锻炼中去。

水平五：学生要经常参加多种体育锻炼活动。

水平六：学生在自己坚持参与体育锻炼活动的基础上，能影响、带动周围的同伴参与锻炼。

②学生学会用科学方法参加体育锻炼，制订合理的锻炼计划。

水平五：制订并实施简单的个人锻炼计划并评价体育锻炼效果。

水平六：在科学锻炼的基础上帮助同伴制订简单的锻炼计划。

（2）运动技能目标

①获得和应用运动基础知识。

水平五：认识多种运动项目的价值；关注国内外重大体育赛事。

水平六：利用互联网资源为体育实践服务；了解国内外重大体育赛事。

②掌握和运用运动技能。

水平五：提高运动技能的水平；增强运动技能的运用能力。

水平六：在提高所选运动项目技能水平的基础上组织和参加课外体育比赛。

③具有安全进行体育活动的能力。

水平五：掌握运动创伤时和紧急情况下的简易处理方法。

水平六：自觉关注社会中与体育活动有关的安全问题。

（3）身体健康目标

①全面发展体能。

水平五：增强体能。

水平六：在不断增强体能的基础上帮助同伴改善体能状况。

②提高预防疾病的意识和能力。

水平五：了解传染性疾病的传播途径和预防措施；了解非传染性疾病的原因和预防措施。

水平六：提高对艾滋病和性病的认识。

③理解营养、环境和生活方式对身体健康的影响。

水平五：掌握和应用营养知识；懂得环境对身体健康的影响；逐步形成健康的生活方式。

水平六：在形成健康生活方式的基础上帮助同伴养成良好的生活习惯。

④改善身体健康状况。

水平五：关注和改善自己的身体健康状况；了解我国传统养生保健方法与现代体育锻炼方法的异同。

水平六：在不断增进身体健康的基础上帮助同伴改善身体健康状况。

（4）心理健康目标

①培养积极的自我价值感。

水平五：在体育活动中努力获得成功感；发展学习能力。

水平六：逐步形成积极进取的人生态度。

②提高调控情绪的能力。

水平五：表现出调控情绪的意愿和行为。

水平六：具有帮助同伴调控情绪的意愿和行为。

③形成坚强的意志品质。

水平五：表现出坚强的意志品质。

水平六：在具有挑战性的活动中表现出坚强的意志品质。

④具有预防心理障碍和保持性心理健康的能力。

水平五：提高预防和消除心理障碍的意识和能力；正确对待性心理变化。

水平六：在不断提高心理健康水平的基础上关注同伴的心理健康。

（5）社会适应目标

①具有和谐的人际关系、良好的合作精神和体育道德。

水平五：具有和谐的人际关系和良好的合作精神；表现出良好的体育道德。

水平六：表现出团队意识和行为。

②具有积极的社会责任感。

水平五：认识个人参与体育与健康活动的权利和义务；表现出责任感的社会行为。

水平六：关心社会的体育与健康问题。

以上是《普通高中体育与健康课程》关于课程的性质和目标的描述。

3. 普通高等学校公共体育课程的教学目标

教育部印发《全国普通高等学校体育课程教学指导纲要》（以下简称《课程纲要》），对大学体育课程的性质和课程目标都做了规定。

（1）大学体育课程的性质

大学生通过科学合理的体育教育及体育锻炼过程，以身体练习为主要手段，最终达到增强体质、促进健康体魄形成，并提高体育素养，这就是大学体育课程的性质。体育课程是高等学校展开体育工作的中心环节，也是学校课程体系的重要组成部分。

（2）大学体育课程的课程目标

大学体育课程的课程目标分为基本目标和发展目标两个方面。

①基本目标。这是根据大多数学生的基本要求而确定的目标，其具体又可以划分为如图 2–2–1 所示的五个领域目标。

- 大学生体育课程基本目标
  - 运动参与目标：积极参与各种体育活动并基本形成自觉锻炼的习惯，基本形成终身体育的意识，能够编制可行的个人锻炼计划，具有一定的体育文化欣赏能力。
  - 运动技能目标：熟练掌握两项以上健身运动的基本方法和技能；能科学地进行体育锻炼，提高自己的运动能力；掌握常见运动创伤的处置方法。
  - 身体健康目标：能测试和评价体质健康状况，掌握有效提高身体素质、全面发展体能的知识与方法；能合理选择人体需要的健康营养食品；养成良好的行为习惯，形成健康的生活方式；具有健康的体魄。
  - 心理健康目标：根据自己的能力设置体育学习目标；自觉通过体育活动改善心理状态、克服心理障碍，养成积极乐观的生活态度；运用适宜的方法调节自己的情绪；在运动中体验运动的乐趣和成功的感觉。
  - 社会适应目标：表现出良好的体育道德和合作精神；正确处理竞争与合作的关系。

图 2–2–1　大学生体育课程基本目标

②发展目标。发展目标是针对部分学有所长和有余力的学生确定的，也可作为大多数学生的努力目标，其具体又可以划分为如图 2–2–2 所示的五个领域目标。

- 大学生体育课程发展目标
  - 运动参与目标：形成良好的体育锻炼习惯；能独立制订适用于自身需要的健身运动处方；具有较高的体育文化素养和观赏水平。
  - 运动技能目标：积极提高运动技术水平，发展自己的运动才能，在某个运动项目上达到或相当于国家等级运动员水平；能参加有挑战性的野外活动和运动竞赛。
  - 身体健康目标：能选择良好的运动环境，全面发展体能，提高自身科学锻炼的能力，练就强健的体魄。
  - 心理健康目标：在具有挑战性的运动环境中表现出勇敢顽强的意志品质。
  - 社会适应目标：形成良好的行为习惯，主动关心、积极参加社区体育事务。

图 2–2–2　大学生体育课程发展目标

二、体育教学的内容

下面将从学校体育工作的基本内容和学校体育教学的基本内容两个方面来阐述体育教学的内容。

（一）学校体育工作的基本内容

学校体育工作的基本内容主要包括体育课教学、课余体育训练、体育竞赛和课外体育活动等几个方面。

1. 体育课教学

体育课教学（teaching of physical education）是学校体育工作的核心内容，是实现体育教育目标的重要手段和途径。它以班级授课为基本形式，以身体练习为基本手段，以增强体质、增进健康、掌握体育的基础知识与基本技能、培养良好品质、发展个性等为主要目的的教育实践过程。

《条例》规定，学校应当根据行政部门的规定，组织实施体育课教学活动。体育课教学的内容要依据教学大纲要求而定，而教学活动要依据学生身心发展的规律来展开，在教学中要充分考虑学生年龄和性别差异，以及学校所在地的地理环境和气候特征。针对学生中的体育弱势群体，可以根据医院开具的病情、残障说明，给予免除常规的体育课考试。

2. 课余体育训练与竞赛

课余体育训练与竞赛是指充分利用课余时间（包括假期），对那些有运动天赋且文化课学习成绩良好的学生进行的有组织、有计划的运动训练，以促进学生运动员运动素质和竞技水平的全面提高，参加相应的体育竞赛，为学校和国家争光。它是体育课教学的延伸和有益补充，是学校体育工作的重要组成部分。

对于参加课余体育训练的学生，学校方面要注意加强他们的营养补充，并做好思想品德教育工作，安排好他们文化课的学习计划。对于运动水平较高，有成为运动员前途的学员，可报国家体育委员会批准，延长其接受普通教育的年限。

3. 课外体育活动

学校课外体育活动是指根据青少年学生身心发展特点和学校的实际条件，在课外进行的各种体育锻炼。其目的是放松和缓解学生的学习压力，愉悦身心，锻炼身体，同时促进校园文化建设。它是体育课教学的延伸和有益补充，是学校体育工作的重要组成部分。

《条例》规定，普通高等院校组织开展课外体育活动的时，要充分结合当地的实际情况，做到因地制宜。有条件的学校可根据实际情况组织学生远足、野营和举办夏（冬）令营等多种形式的体育活动。

（二）学校体育教学的基本内容

随着我国教育与体育教育改革的不断深入，以及“健康第一”指导思想的逐步落实，体育教学内容得到空前拓展。根据知识的表现形式与特点，可将体育教学内容分为基础理论知识和基本运动技能两大类。

1. 基础理论知识

基础理论知识主要包括有关体育的基本常识、运动的生理学基础知识、健康卫生常识等。基础理论知识的教学主要是向学生传授体育与健康的基础知识，同时拓展学生的体育知识面，进一步培养体育兴趣，深刻认识体育锻炼的价值，加强体育锻炼的针对性，提高自觉参与体育锻炼的意识，养成体育锻炼的习惯。

2. 基本运动技能

基本运动技能类主要包括各类体育运动项目的练习方法、动作原理、运动竞赛的组织与裁判等。教学的重点是帮助学生学习各类运动项目的技术，了解动作原理，重点掌握 1 ~ 2 项运动项目，并能够自我锻炼或与同伴连行简单的体育竞赛。研究目的不同，采取的分类标准不同，分类体系就不同。根据运动项目的竞技能力特点，可把运动项目大致分为技能类和体能类。

（1）技能类

技能是竞技取胜的重要基础。技能包括所掌握的运动技术与战术的多少及其临场运用能力。在学校广泛开展的技能类运动项目主要有体操、轮滑、武术等。

（2）体能类

体能是竞技取胜的重要基础。体能包括机体的生理功能、运动素质（速度、力量、耐力）等。在学校广泛开展的体能类运动项目主要有田径、游泳、三大球（篮球、排球、足球）等。

随着体育运动的广泛开展，民间传统体育项目得到大力开发。同时，国际体育交往日益频繁，使大量的体育、休闲、娱乐项目传入我国，极大丰富了学校体育的内容。

第三节　体育教学方法

体育教学在完成体育课时内容中，会根据每个体育项目类别，进行统一而规范的个别教学方法，它将根据每个学生体质的差异，科目特点的区别进行分类教学。

一、体育教学方法及其特点

体育教学作为教育的一种，根据教学目标的不同，等用不同阶段、途径学和方法，并根据其运动特点而进行总结的教育理念。

（一）体育教学方法的概念

所谓体育教学方法（teaching methods of physical education），是指师生为实现体育教学任务或目标所采用的各种方式、途径、手段的总称。体育教学方法是教学论教学方法体系中的一个分支，是根据体育学科（课程）的具体特点，对教学方法的具体划分。它接受教学方法论的理论指导，同时也受体育学科特点的制约。

（二）体育教学方法的特点

1. 直观性

体育教学方法的直观性表现在体育运动技术的示范与模仿上。在体育教学实践中，精炼、准确的动作技术要领讲解必须依靠直观、规范的动作示范才能加深学生对动作概念的理解，形成正确、清晰的运动表象，进而指导身体训练，达到掌握动作技术的目的。

2. 实践性

实践性是体育教学方法的又一特点，它强调的是手、眼、耳、肢体全身参与。身体练习贯穿于体育教学的全过程，是最终掌握动作技术、达到自动化的唯一途径。

3. 亲和性

体育教学方法的亲和性表现在师生之间和同学之间两个方面。在体育教学实践中，教师的教学行为必须与学生学的行为紧密结合，即教师的教法往往需要与学生的学法密切结合起来，有时还要进行有针对性的调整，才能收到满意的教学效果。另一方面，学生在练习过程中，常常需要相互帮助，甚至是保护，以便相互交流，共同促进动作技术的掌握。对于一些具有一定危险性的体育动作技术的学习，教师和同伴的保护与帮助是学生安全、有效地练习的重要基础。体育教学方法的亲和性也是现代教育理念发展人文性的重要体现。

4. 少讲多练

体育教学主要是围绕体育运动技术的传授而开展，而动作技术的掌握只有通过反复地练习才能实现。因此，在体育教学实践中，运用教学方法就要注意少讲、精讲，多练、巧练。

（三）体育教学方法的分类

《体育科学词典》将体育教学方法分成教师指导的方法和学生学习的

方法两类。前者主要是通过语言、直观教学和纠正动作错误等来实现；后者主要是通过练习进行学习，称作练习法，其特点是学生身体练习与思维活动紧密结合。体育教学方法分类见表2-3-1。

表 2-3-1 体育教学方法分类一览表

教师指导方法	学生学习方法
①语言讲解法	①重复练习法
②工作示范法	②变换练习法
③纠正动作错误法	③循环练习法
	④游戏练习法
	⑤比赛练习法
	⑥综合练习法
	⑦集中注意力练习法
	⑧念动练习法
	⑨放松练习法

不同的教科书对体育教学方法的分类不太一致，但差别不大，这里不再赘述。大家可根据实际情况选择使用体育教学方法。

二、体育教学方法发展趋势

现代科技的发展为体育教法的改进提供了丰富的技术素材，而现代教育思想的更新为体育教法的改革提供了新鲜的思想素材。综合起来，体育教法的发展有以下趋势。

（一）体育教学方法的人性化

体育教学方法发展的人性化是现代教法的重要特点之一。它是指在选择运用体育教法时，应当充分考虑到教学对象的可接受性，以及最大限度地减少由于运动而对身体健康可能带来的伤害。体育教法的人性化包括两个方面：第一，体育教学环境与条件；第二，体育教学对象的个体特征。

根据体育教学的环境和条件因素选择恰当的场地和方法进行体育教学。如在塑胶地面上做跳跃练习和在水泥地面上练习，其练习的负荷量就应当有所区别，否则容易发生运动损伤。另外，根据教育对象的个体差异，在不同的发展时期，选择体育教法都应当有所不同、有所侧重。只有这样，才有可能很好地贯彻区别对待体育教学原则，提高教学质量，减少运动损伤的发生。

然而，体育教法的人性化不应当理解为对体育手段“残酷性”的废弃，而是现代教育思想观念进步的一种体现，是对体育属性的重新认识，是体育教育发展的进步。

（二）体育教学方法的集成化

体育教学方法的多样与不断集成是教法发展的又一趋势。体育教学方法的集成表现在教学技术手段的集成和教育教学思想的集成两个方面。

随着现代科学技术及教育技术的发展，越来越多先进的教育技术被广泛地运用到体育教学实践，丰富和发展了多样化的体育教学手段。同时，随着现代教育教学理念的更新，促进学生身心健康、全面地发展日益成为体育教育工作者的教育宗旨。因此，掌握体育技术的教法、增强体质的教法、培养体育兴趣的教法、塑造心理品质的教法等等，被广泛、适时地运用于体育课堂教学实践，共同发挥着育人的作用。

体育教法与体育教育思想观念紧密联系，不可分割，理念影响和指导着教法的选择与运用，反过来，教法的运用又促进理念的实现。

（三）体育教学方法的现代化

现代高科技成果被广泛地运用到体育教学实践。例如，计算机科学技术的快速发展，运用到体育课堂教学，可以把体育动作技术分解成三维画面，使学生能够从不同的运动时相、不同的角度准确观察动作技术的全过程，帮助建立正确、深刻的动作表象。

现代网络远程教学日益普及，使优秀的体育教育资源得到最大程度的共享，大大提高了教学信息量和信息反馈的效率。同时，网络所具有的储存信息、再现信息、随时提供等强大的服务功能，为学生真正意义上的自主学习提供了极大的帮助。如此等等，与传统的粉笔加黑板、教师示范表演和学生模仿练习的体育课堂教学相比，有了巨大的进步。

三、选择体育教学方法应注意的事项

恰当地选择体育教学方法有利于教学组织的顺利进行，有利于提高教学效果。在实际教学实践中，选择体育教学方法应当考虑以下因素。

（1）教学原则要求。教学原则及体育教学原则来源于教学实践，并得以科学提炼。因此，它们是体育教学实践必须遵守的教学基本准则，是选择体育教学方法的基本依据。

（2）教学对象特点。教师的教学必须以学生积极、主动地学为基本前提和归宿。教学对象的认知水平及身体条件状况直接影响着教学的组织进行和效果的实现。因此，在体育教学实践中，根据教学对象的实际情况，选择有效的体育教学方法是成功教学的基本前提。

（3）教学目标任务。教学目标与任务规定着教学的组织与实施。因此，必须根据具体的体育教学目标和教学任务，选择有针对性的体育教学方法。

（4）教师自身条件。体育教师自身条件是制约教法选择的又一重要因素。教师自身条件因素包括知识结构、教学经验、教学能力与水平、性格、年龄与性别等方面。如在选用保护与帮助教学手段方面，在面对女中学生使用时，男、女教师有别，老、青年教师也有别，如果不注意，反而会阻碍教学。

（5）教学环境条件。教学环境与条件因素极大地制约着教学方法的选择，体育教学更是这样。例如，一个缺电、少馆的地方，选用多媒体教学手段进行体育教学，几乎是不可能的。体育教学对教学硬件条件的依赖是较大的，严重制约着教法的改革，这也是当前我国体育教学改革与发展的薄弱环节。

总之，教学是一门艺术，没有固定的模式，这就为教师选择各种教学策略提供了广阔的思想空间。然而，任何一种教学方法都有其优势和不足，教学对象对教学方法的适应是有选择性的。教师只有熟练掌握足够多的、有效的教法和手段，才有可能面对不同情况灵活选择和调整教法，推进教学的顺利进行。

体育教学是师生充分交融、课堂充满活力，同时又隐藏着一定危险因素的教学过程，因此，体育教法的选择尤其重要。这就要求体育教师不但要具有专业的动作技术、娴熟的教法技巧，同时还要有良好的耐心和安全意识。

第四节　体育教学的组织和管理

对于体育教育事讲，如何更好地实施体育教学，提高课堂效率，是每一位体育教育作者的初衷。良好的体育管理和组织是体育教育致性的法宝。

一、体育教学的组织形式

现阶段，我国各学校在体育与健康课程的教学过程中，“班级教学”仍然是主要的教学组织形式。

（一）体育教学组织的概念

体育教学组织形式是指为了实现课的教学目标，根据教材的内容特点、学生具体情况以及教学环境而合理采用的教学方式。科学、合理、易行、实用的教学组织形式是发挥教师的主导作用和学生的主观能动性、提高教与学双边活动效果的组织保证。

（二）体育教学组织的形式

体育教学形式分深内分组教学形式和班级分组教学形式，其主要目的是为了更远好地实施体育教学管理，提高教学效率。

1. 课内教学的组织形式

（1）班内分组教学：它是根据课的教学目标和要求将全班学生分成若干小组，分别进行练习，以实现教学目标的教学组织形式。一般可分为分组不轮换与分组轮换两种形式。

（2）全班教学：它是指全班同学在教师的统一指挥下，同时或依次地完成练习的教学组织形式，其优点是便于统一调动指挥，全面照顾学生，有较高的练习密度，缺点是不利于区别对待、个别辅导。

2. 班级教学的组织形式

（1）合班分组教学形式：即将同年级几个班重新编班、分组，由若干体育教师分别进行教学的、相对稳定的教学组织形式。通常有按性别分组、按体质健康水平分组、按体育基础水平分组、按专项能力及爱好分组等。

（2）自然班教学组织形式：它是以自然教学班为单位的教学组织形式，即男女混合班上课。其优点是形式固定，组织方便，学生相互了解。缺点是学生之间或男女生之间的体质、健康存在差异，难以区别对待，不便于对好、差生的两边照顾。

这一教学形式的优点是根据学生的不同情况制定教学目标，选择教学内容，安排、调控生理负荷，能充分调动学生学习与锻炼的自觉性、积极性。缺点是给课程安排增加难度，教师人数少，场地器材不足的学校难以实施。

3. 分组教学的组织形式

（1）同质分组：打破班级界限将若干个班级的学生集中起来，按照学生的体能或运动技能水平将学生分成若干个教学班，由不同的老师分别进行教学。

（2）异质分组：是有意识地扩大组内的差异，将不同体能和运动技能水平的学生分成同一小组，小组间基本同质，实现小组内学生互帮互学的组织形态。

二、体育教学的管理

体育教学的管理在体育教育中另有很高的地位，它将直接影响体育教学的效果和效率。

（一）制定规章制度

教学中，规章制度的制定要遵循合理性、清晰明了、可实施性、一致性的原则。

（二）体育课组织与管理的要求

体育课堂教学要示根据组织和管理的不同，分为场地、器材的布置，建立体育课堂常规，提高学生自我期待，用奖惩和队伍的调动与安排几方面组成。

1. 教学场地、器材的布置

（1）意义和作用

教师做好教学场地器材的准备工作，是上好课和实现教学目标的物质保证，其作用是能充分利用场地器材，提高使用率，有利于队伍调动，合理安排课的密度，增加学生练习次数，调动学生学习积极性及便于教师指导。

（2）进行场地器材布置应注意的事项

①布置的场地器材应符合锻炼、卫生安全的要求，课前应认真、周密地检查，严防发生伤害事故。

②场地器材的布置要有利于练习轮换时的队伍调动，有利于增加练习密度和适宜的生理负荷。

③场地器材的布置要便于教师对课的调控和辅导学生。

④场地器材的布局与使用要合理，可移动器材应尽量向固定器材靠拢。

2. 建立体育课堂常规

（1）课前常规：认真备好课，编写教案，布置与检查场地、器材；师生应提前到达教学场地、等候上课。

（2）课中常规：师生准时在指定地点集合上课，检查人数，做好考勤记录，检查学生着装及安排值日生、见习生等；教师向学生宣布本次课的目标和要求；按教育计划进行教学，要以身作则，言传身教，教书育人；严格要求学生，加强思想教育；合理调控课中的运动生理和心理负荷；及时纠正错误和改进教学；课快要结束时要对本次课进行小结、讲评，提出课后的锻炼要求，预告下次课的内容，并督促值日生归还器材等。

（3）课后常规：师生应及时收拾好教具器材。教师应了解学生对课的反馈，做好课后小结。学生应按老师的布置自觉练习，以达到巩固与提高的目的。

3. 提高学生的自我期待

期待教育策略要求教师应建立并保持对学生学习成就的积极期待。这条策略无论是用到教育方面还是教学方面，都是很有指导意义的。教师应该引导学生逐步形成对自我学习的积极期待，让学生们逐步树立“我有能力学好”“我还想学习新的知识，形成新的能力”等意识和信心，这样，学生才能够更加自觉地投入学习，学生才能真正成为学习的主人，学习效率才会随之趋于最优。

要学生形成自主学习期待，很大程度上起决定作用的无疑是学生自身的内驱力，也就是说，只有当学生自己从内心里愿意学习、乐于学习，才能真正地自主学习、学会学习。推动学生自身内驱力形成的因素很多，其中“兴趣”是促进学生形成自主学习期待的催化剂。

4. 慎用与巧用批评与惩罚

奖惩是促进学习发生的有效方法，同时，也是课堂管理的有效手段。但在课堂教学实践中，教师面对学生的问题行为，往往只想到利用惩罚，把惩罚作为首选方法，这是不恰当的。求成避败、趋利避害是人的本性，学生也不例外，他们总是追求成功，避免失败，喜欢奖励，害怕惩罚。教师不恰当地使用惩罚，会造成一系列负面影响。惩罚要讲策略，了解情境，对待“差生”要慎用惩罚。

5. 队伍、队形的调动与安排

在体育课的教学中，合理安排和调动各种练习队形，不仅能严密组织教学，培养学生严格的组织纪律性，服从统一指挥，集中学生注意力，而且能丰富教学内容，创造良好的课堂气氛，调动学生学习的积极性，培养正确的身体姿势。

第五节　体育教学设计与评价

在体育教学中，如何科学而有效地达成教学所设定的目标，这将涉及分理的体育教学设计和科学的体育教学评价内容。

一、体育教学设计

体育教学设计是体育教育工作者为达成教学目标而精心策划的，它包括体育教学设计的基本要素、特点和设计方法。

（一）体育教学设计的基本要素

体育教学设计包括体育教学的目标与任务，教学策略、教学过程、体育教学设计的自我评价四种基本要素，具体如下。

1. 教学目标与任务

应确立知识与技能、过程与方法、情感、态度与价值观三位一体的课程教学目标，它与传统体育教学只关注知识的接受和技能的训练是截然不同的。体现在课堂教学目标上，就是要注重追求知识与技能、过程与方法，情感、态度与价值观三个方面的有机整合，突出过程与方法的地位。

2. 教学策略

所谓教学策略，就是为了实现教学目标、完成教学任务、达到锻炼身体的目的所采用的方法、步骤、媒体和组织形式等教学措施所构成的综合性方案。它是实施体育教学活动的基本依据，是教学设计的中心环节，其主要作用就是根据特定的教学条件和需要，制定出向学生提供教学信息、引导其活动的最佳方式、方法和步骤。具体如下：①教学组织形式；②教学方法；③学法指导；④利用教学媒体。

3. 教学过程

现代的体育教学系统由教师、学生、教学内容和教学媒体等四个要素组成，教学系统的运动变化表现为教学活动进程（简称教学过程）。教学过程是课堂教学设计的核心，教学目标、教学任务、教学对象的分析、场地布置的选择，教学媒体何时插入利用，课堂教学结构类型的选择与组合等，都将在教学过程中得到体现。

4. 体育教学设计自我评价

在新课程理念下，教学设计的功能与传统教案的不同之处在于它不仅仅只是上课的依据。好的体育教学设计，首先要能够促使教师去理性地思考教学，同时在教学认知能力上有所提高，只有这样，才能够真正体现体育教师与学生双向发展的教育目的。

（二）体育教学设计的特点

体育教学设计具有科学性、系统性和艺术性的特点。体育教学设计的科学性在于，其在生理学、解剖学、心理学等理论的指导下，建立起合理的体育教学策略。体育教学设计的系统性在于，其设计综合了教学目标设计的各个环节，考虑到教师、学生、教材、家长、社会等各个教学参与方在体育教学的作用，使体育教学获得最佳的效果。体育教学的艺术性在于，其教学设计中充分考虑学生的不同特点，让学生个人特点得到最大发挥，进行创造性的体育活动，而创造性活动正是艺术性的体现。

（三）教学设计的方法

体育教学设计方法主要分为教学设计的基本要素，教学设计的基本程序及书写内容几方面，具体内容如下所述。

1. 教学设计的基本要素

体育教学设计的基本要素则包括教学设计的基本要素、教学目标设计、教学策略的设计三种构成要素组成，具体如下。

（1）教学任务及对象分析

新课程理念下，课堂教学不再仅仅是传授知识，教学的一切活动都是着眼于学生的发展。在教学过程中如何促进学生的发展，培养学生的能力，是现代教学思想的一个基本着眼点。所以，教学由“教教材”向“用教材”转变。过去教师关注的主要是“如何教”的问题。现在教师应关注的首先是“教什么”的问题，也就是需要明确教学的任务，进而再提出教学目标，选择教学内容和制定教学策略。

（2）教学目标设计

由于教学目标是具体规定学生在教学活动结束后，在认知和情感态度等方面能够达到的新水平。所以，在陈述教学目标时要具体、明确，做到以下三点。

①对知识、技能目标的陈述要反映学生所形成的具体行为。在陈述上不宜用含糊不清、缺乏质和量规定的“了解”“理解”“掌握”等词，而且要符合学生的认知水平，陈述词要具体、鲜活。

②对过程性目标的陈述要具体、明确，新课程标准关注“学习过程、改变学习的方式和方法”，因此，过程性目标的陈述要明确、具体。

③对情感、态度与价值观的目标进行陈述时，要明确学生应参加的活动或体验的内容，通常只明确规定学生应参加的活动或体验的内容，而不具体规定学生应从活动中获得什么结果。

（3）教学策略的设计

教学策略是实施教学活动的基本依据，是教学设计的中心环节，可以从以下几个方面去加以考虑。

①教学组织形式。新课程标准在课程实施方面，倡导自主、合作、探究的学习方式。通过学生自主提问、自主研究、自主体验、自主交流的过程，激发学生思维，开发学生潜能。可见，引导学生多种方式自主参与学习活动，已成为有效促进学生发展的基本途径。

②教学方法。教无定法，教学有规。面对多种多样的教学方法，哪些是教学设计中应优先考虑的？这些方法又该如何有机地结合在一起？这些都是制定教学方法所要解决的基本问题。总的来说，我们应该根据教学目标、学生特点、学科特点、教师特点、教学环境、教学时间、教学技术条件等诸多因素来选择教学方法。

③学法指导。我们既要重视学生学习兴趣的培养和动机的激发，重视教学过程的情感化，还要关注学生学习能力和创造能力的培养，更要考虑教学的有效性。

④教学媒体。媒体可以作为教学环境设计的一个部分，也是教学活动

中教学呈现的一种载体，他们不是独立存在于教学之中，而是与教学方式结合在一起，成为教学策略的主要因素。

2. 教学设计的基本程序及书写内容

体育教学设计的差异程序及内容主要包括有体育教学设计的基本程序和体育教学设计的书写内容，具体如下。

（1）教学设计的基本程序

①分析教学任务，阐述教学的预期目标。

②确定学生的起点状态，包括他们原有的知识水平、技能和学习动机、状态等。

③分析学生从起点状态过渡到终点状态应掌握的知识技能或应形成的态度与行为习惯。

④考虑用什么方式和方法向学生呈现学习内容，提供学习指导。

⑤考虑用什么方法引起学生的反应并提供反馈。

⑥考虑如何对教学的结果进行科学的测量与评价。

（2）教学设计的书写内容

①教学设计说明：写出本教学设计的意图和整体思路（突出新课程特点）。

②教学分析：包括教学内容的分析和学情的分析。

③教学目标：知识与技能，过程与方法，情感态度与价值观。

④教学策略（或学法指导）：选用的教学方法，教学手段，媒体及板书设计。

⑤教学过程。

⑥教学反思、评价。

二、体育教学评价

体育教学实施一段时间后，为检验某阶段体育教学的教学效果是否达成目标及教学的效率如何进行评估，这就用到了体育教学评价。

（一）学校体育教学评价的概念及特点

体育教学评价（evaluation of physical teaching）是围绕体育教学的预先目标，根据一定的评价标准，对体育教学过程诸多要素及其过程的价值判断。体育教学评价是教学评价的重要组成部分，是教学评价在体育教学质量评价方面的实践。

1. 体育教学的特点

前文我们已经讨论过关于教学的概念问题，它是教与学的双边活动过程。

任何教学过程都必须具有教学最一般的规律和特点，而不同的学科、课程又具有不同的个性特征。体育教学是众多学科、课程教学中最具特色的教学之一。因此，为了科学地进行体育教学评价，就必须清醒地认识体育教学的特点。与其他学科、课程的理论教学相比，体育实践类课程教学具有以下特点。

（1）实践性（practice）。是指体育教学主要是通过师生的体育练习来完成教学任务，实现教学目的的。体育教学过程与方式的实践性主要表现在教师的动作示范、学生的模仿与练习、师生之间的相互保护与帮助、师生之间的相互观赏与评价等方面。可以说，如果没有反复的体育练习与实践，学生就不可能掌握熟练的体育技术和技能，机体也无法产生良好的生理适应，某些意志品质等心理因素也无法得到有效干预和培养。

（2）负荷性（load）。是指在体育教学过程中机体要承担一定的生理（physical）和心理（mental）负担量。这是与体育教学的本质紧密联系的。体育教学是以身体练习为基本手段，以增强身体、增进健康、促进身体发育等为基本目的。负荷性是体育教学区别于其他教学活动的显著特点。

（3）开放性（opening）。是指体育教学冲破了传统的室内教学界限而在空阔的练习场所实施。由于没有传统意义上的课室，教师与学生充分交融，行动变得“自由”起来。没有了讲台，师生相处更加融洽、和睦。

与其他学科、课程的实验教学相比，体育实践类课程教学的特点见表 2–5–1。

表 2–5–1　体育实践课程与其他学科实验课程的主要区别对照表

序号	比较内容	体育实践课程	其他学科实验课程
1	教学目标	掌握体育运动实践技术与技能	掌握实验操作技术与技能
2	教学内容	人体及运动器械的运动规律（体验）	科学原理的内在联系（知晓）
3	教学方法	示范和反复练习、提高	演示和简单模仿、再现
4	教学环境	体育场馆	实验室
5	外界干扰	较大	较小
6	身体负荷	较大	较小
7	掌握知识	主要依赖于反复练习	主要依赖于对科学原理的认识

2. 体育教学评价的特点

体育教学丰富的个性特点决定了体育教学评价的特殊性。归纳起来，体育教学评价具有以下特点。

（1）重视身体适应评价。体育教学的目的就是要通过身体练习，使机体承受一定的生理负荷，并逐步产生良好的适应。因此，体育教学效果的评价就必然以反映身体在形态、结构、机能、素质等方面的变化为重要内容。目前，我国学校体育教学评价主要是针对学生体育学习技能掌握和运动素质变化情况的评价。

（2）掌握知识与形成技能相结合。体育教学的实践性特征决定了体育教学评价的实践性，即通过体育教学，要求学生不但要会正确地表达体育动作技术要领，还要能够准确地进行动作示范。在体育教学实践中，强调学生的实际动手能力的培养，实质上就是要加强学生的身体练习，并能够掌握1～2项运动技术（项目），为终身体育打好基础。

（3）评价结果的一次性。体育教学评价结果的一次性有时也称为不可重复性。运动生理学的研究表明，人体最大运动能力的不可测量性，也就意味着运动技术与能力的表现具有不确定性特征。比如，在一次跳高测验中，第一次试跳越过了1.8m的高度，第二次再跳不一定能够越过。在体育运动实践中，像这样的现象太普遍了。因此，在体育技能测验中，教师一般都会给学生多次测验的机会，以便使他们能够发挥出自己最好的成绩。

（4）评价形式与结果的开放性。体育教学评价的开放性表现在体育学习结果的公开化。无论是新动作技术的学习，还是动作技术测验，当事人的每一个表现，无论是成功还是失败，无论是熟练还是生疏，都清晰地展现在其他同学面前。这也为体育教学客观评价提供了基础，为学生之间的相互评价提供了可能。

（二）学校体育教学评价的内容

从体育课程学习的角度看，体育教学评价主要涉及学生的体能变化及掌握体育知识和形成运动技能情况等。

1. 体育知识

体育知识（sport knowledge）是指围绕体育科学常识的介绍，包括体育运动竞赛的一般常识、体育锻炼的基本方法与技巧、体育保健与康复常识等。

2. 体育技能

体育技能（sport skills）是指学生掌握体育运动技术项目的多少及其水平的总称。终身体育要求，体育教学要使学生最终学会体育学习，掌握1～2项运动技术项目，并经常性地参与体育活动和锻炼。因此，体育技能的好坏直接影响着终身体育目标的实现。

3. 体能

体能（physical efficiency）是指机体的基本运动能力，包括身体形态、身体功能、健康水平和运动素质。发展体能是学校体育教学的重要目标之一，是体育教学的核心任务。但就体育课堂教学评价而言，一般主要是测量学生运动技术的掌握情况，以及运动素质的发展水平。

除了以上评价内容以外，有学者认为，学习态度、健康行为等内容也应纳入体育教学评价的范围内。

（三）学校体育教学评价的发展

在学校体育教育中，体育教学评价根据学校“教考分离”现象和体育教学评价理念的变化不同有所不同，具体如下所述。

1.“教考分离”的不足

对于正在探索推广的体育教学“三自教学”改革实验中，由于学生自己选择评价（考核）的内容，甚至于学考不同一，评价结果不能反映学生学的效果，更谈不上反映教育发展水平（指由体育教学产生的影响），而且，评价的结果也缺乏自身和个体间的比较。

素质教育并非排斥考试，而是在更高的层面上对教育教学考核提出了更加全面的要求。教考分离主要是指教学实施者的主体移位，以便使考核更加客观，但教学的内容与考试的内容的更替究竟具有多少理论依据还值得商榷。

“教考分离”的现象在高校体育教学实践中具有普遍性，应当引起反思。不恰当的“教考分离”，还有可能导致体育教学评价的不公。

2. 评价理念的变化

体育教学评价也存在着评价理念问题，并受体育教学目标的制约。要建立科学、合理的体育教学评价理念，首先要科学确立体育教学的目标。所谓评价理念（viewpoint of evaluation），就是指人们在认识评价本质的基础上逐步形成的在评价操作层面上的总体态度和观点。教学评价的理念就是在对教学评价的本质与功能认识的基础上，逐步形成的如何进行评价的态度和观点。因此，教学评价的理念具有多样性，但都从不同的侧面更头出教学评价的基本特质，教学评价的理念制约于教学目标。

《学校体育工作条例》第三条规定要求体育教学的主要任务有增强体质、掌握技术、培养品德三大内容。

教育部印发《义务教育课程设置实验方案》拉开了我国基础教育改革的序幕，教育部组织专家陆续发布了各门新课程标准。根据《体育与健康》新课程标准的要求，教学目标包括运动参与、运动技能、身体健康、心理健康和社会适应五个方面，较全面地反映了学校体育教学的总体目标，具有鲜明的时代特征。

《体育与健康》课程标准扩大了体育课程学习的目标范围，尤其是增设了身体健康、心理健康、社会适应等方面的某些内容，使评价指标的设计难度加大。体育教学目标的定位应当回归到体育教学的本质功能上来，依据体育教学过程的本来面目来设计相关的目标要求，理性分析体育教学的本质功能和派生功能，不宜扩大其派生功能。体育教学目标的定位应当能够体现体育教学行为所能够导致的影响与结果。

3. 教学评价标准的多样化

教学评价是检验教学效果的重要手段，是实施课程计划的重要环节，还涉及学生毕业、学位授予等重要方面。因此，给出一份科学、合理的课程学习鉴定书（课程考试成绩单）不是一件容易的事情。教学评价标准的多样化是今后教学评价发展的主流趋势。

4. 心理效应的测量依然是个难题

众所周知，体育教学对于发展学生的个性、培养良好的品质等方面，具有独特作用，而当前的体育教学评价却较难反映这一效果。首先，心理因素是个复杂的问题，学生心理因素的干预需要较长的时间才能有效果；其次，要想筛选出哪些是与体育教学手段干预有关联的内容也是非常艰难的事情，因此，研究评价学生心理因素发展的评价指标任重而道远。

5. 教学评价中的隐性因素作用

从课堂教育教学质量评估的过程看，教师及其所教授的课程是评价的客体，学生是评价的主体。很显然，在目前传统的课堂教育教学质量评估指标体系中，其内容主要涉及的是教师的行为及其相关的内容体系。而关于学生及其思想思维体系的内容却很少涉及，这在客观上忽略了这些因素对评价结果的作用与影响。

实践证明，在体育课堂教育教学质量评估中隐性因素是客观存在的。师生情感因子、课程情感因子和课堂行为因子对评价的结果有着明显的影响。而且，其作用具有双向性特征，即可以偏离相对客观的平台，要么偏向学生的意志一方，要么远离之。

第三章 学校体育课程研究

在现代生活中，大家越来越认识到体育的重要性，因此，在很多高校，体育课程教育颇受重视，成为促进学生全面发展的重要模块。本章就围绕学校体育课程，对其内涵、发展、学科基础，以及体育课程的编制、实施、学习和评价进行全方位论述。

第一节 体育课程的内涵及发展

体育课程首先是一门课程，所以按照课程的含义，我们可以将体育课程的内涵概括为以下几个方面。

（1）体育课。

（2）体育教学目标。

（3）体育教学内容。

（4）体育教学时限。

（5）课外体育活动和课余体育训练。

虽然到目前为止，在体育理论上仍旧难以给出一个准确的体育课程的概念，但是凡是纳入学校教学计划的体育教学，有目的、有计划、有组织的活动都应该包括在体育课程之中。但是，我们需要明确一点，即体育课程与一般的学科课程是有很大的区别的，它不是一门学科的课程，而是全面发展教育中一个方面的综合课程。所以我们不能把它和其他课程，如语文、数学、物理、化学、历史、地理、音乐、美术等课程等量齐观，这是一种不完整的观点。因此，接下来我们就对学校体育课程的特殊性进行具体论述。

一、学校体育课程的特殊性

学校体育课程与其他课程相比，有其自身的特殊性，分别表现在以下四个方面。

（一）目的和任务不同

如果说其他课程只承担某一个学科的目的和任务，那么体育教育则是承担着学生德、智、体、美、劳全面教育的一个重要方面，因此，它不仅是传授知识的课程，更是一种“育人”的课程。

（二）教学时空的开放性和延伸性

体育教学根据其自身特点的特殊性和规律性，可分为开放性体育教学和延伸性体育教学，具体如下。

（1）开放性。从总体来说，学校体育课程是一个综合性课程，它的最终目的是促进学生的体能发展，增进学生的身心健康。所以，它需要与德育课程、智育课程、美育课程、劳动教育课程相配合，共同促进学生身心的全面发展。

（2）延伸性。从当代学校课程设置上来看，无论是我国还是外国，各级学校教学计划中都有体育课程，是各年级连续开设的、唯一的教学科目，有的还明确规定课外体育活动的课时数。从空间上来说，体育课程不限于校内，还延伸到校外，例如为参加有关的运动会或比赛所做的准备。

（三）科学基础的综合性

体育课程的综合性主要体现于它是建立在众多其他科学基础之上的一种劳动科目，而不是以某一门科学为基础的。所谓劳动科目，我国教育家徐特立把学校课程分为学科和术科，认为“劳动科目（即术科或行动）是基本的科目”，是以“行动”为主的。

不仅我国许多专家学者这样认为，一些外国体育学者也纷纷对其提出了自己的看法。例如，美国著名的体育学者查理斯·A.布切尔指出：“严格讲，‘体育’自身不是一种学科，它的目的和科学基础要从哲学、生物学、心理学、生理学和社会学等学科中获得。”

综上所述，体育课程从课程的类型上来看，属于综合课程。从其作用上来看，它的显露课程与隐蔽课程的相互影响尤为明显。

（四）对促进智力与非智力因素的特定作用

体育运动作为学校教育的一项基本内容，对于提高学生体质，陶冶情操和培养坚韧不拔的性格具有不可估量的作用。其对于智力和非智力因素的作用也不容小看，具体如下。

（1）智力因素。体育教学不仅是身体锻炼和技能活动的教学，它的顺利进行也需要脑力活动与体力活动有机结合。因此，智力因素是影响体育教学的重要因素之一，它包括对事物的记忆力、想象力、观察力、实践能力。所以为了提高学生的智力，培养他们的想象力和独立思维能力，在体育教学过程中，教师应该多安排一些让学生自主和独立进行的练习项目。

（2）非智力因素。非智力因素是依靠人的实践活动而锻炼成熟的，它主要包括兴趣、动机、意志、自信心等。非智力因素对认识过程起着始动、定向、引导、维持和强化的作用。

从长远来看，培养智力和非智力因素两者全面发展的人，是我们实现现代化对人才的需要，而体育对实现这类人才的培养有着非常重要的作用。

二、学校体育课程的发展

体育作为一门正式课程，出现得比较晚，但是随着时代的变化和发展，每个阶段的体育课程都呈现出不同的特征。由此也可以看出，体育课程也在随着社会对人的身心发展要求的不同而不断发展。因此，接下来我们就从古代、近代和现代三个阶段对体育课程的发展进行详细探讨。

（一）古代学校体育课程

体育运动作为一项古老的运动形式，自古有之，不仅国内，在国外也有这方面记载，具体如下。

1. 中国古代体育课程

早在我国古代，体育就已经有明显的趋势了。虽然那个时候体育还没有作为一门正式课程出现，但是那个时候的学校教育中已经出现了与体育相关的内容。如“六艺”，即礼、乐、射、御、书、数，其中射（即射箭）、御（即驾车）就具有体育活动的性质。据考证，金文中已记有“学射事……‘六艺之学，西周盖已大备”。不过自秦“坑术士”以后，“六艺从此缺”。因此，自秦代以后，中国古代学校教育中一直存在重文轻武的现象，除少数教育家（如清初颜元，1635—1704）坚持授以射、御、技击外，基本上没有体育课程。

2. 西方古代体育课程

西方的体育课程发展态势也基本上可以分为两个阶段。

第一阶段，西方的古代学校基本上与最初的中国相似，都十分重视学生体格的训练，如古希腊把体育作为学生必须学习的课程。在斯巴达和雅典，对 7 ~ 18 岁的青少年都要进行严格的体育训练。斯巴达的学校主要训练年轻人成为善战的斗士，军事体育项目是斯巴达学校教育的主要内容。雅典 13 ~ 14 岁的男孩还要进入“体操学校”，进行三年的系统训练，其中包括学习赛跑、跳跃、角力、掷铁饼和标枪以及游泳，以使他们达到“身心既美且善”（即身体和精神都美）。

第二阶段，也就是到了中世纪，由于宗教势力逐渐在社会中占了统治地位，把人的肉体灵魂对立起来，把人的身体看作是“灵魂的监狱”，鄙视健壮的体魄，认为没有必要去锻炼它、保护它。因而，在中世纪除了世俗的武士教育中有骑马、游泳、投矛、刺剑、下棋（加上吟诗，统称“武士七艺”）外，几乎没有什么体育可言。

（二）近代学校体育课程

近代学校体育是在欧洲文艺复兴以后发展起来的。由德国、瑞典、丹麦等国兴起而逐渐成为各国学校的正式课程。就其类型来说，主要可以分为以下两类。

（1）瑞典和德国的学校体操，是为了适应政治的、社会的和军事的需要而开设的，对日本和中国学校体育课程的建立和发展有着重大影响。

（2）美国学校体育的课程主要是由户外游戏（包括球类）和田径等活动组成，为户外体育教学和活动开辟了道路。

下面我们就对这两类体育类型的发展历程进行详细探讨。

文艺复兴时期（13—16 世纪），一些人文主义思想家和教育家为了反对中世纪教会轻视体育的思想，提出恢复古典教育中重视体育的传统，主张发展学生“强壮健全的体格”，体育又重新受到重视。17—18 世纪有一些著名思想家（如洛克、卢梭）和教育家（如夸美纽斯、裴斯泰洛齐）大力提倡并在一些学校中开展了体育活动，体育逐渐在学校教育中确立下来，成为学校体育的一个组成部分。

1. 德国和瑞典的学校体操

德国和瑞典作为欧洲地区率先发展体育教育的领头羊，在文艺复兴时期为体育的发展提供了借鉴。

（1）德国的学校体育

1774 年，德国巴泽多（1723—1790）在德国创办了一所泛爱学校，他在“建校计划书”中规定：学生每天 5 小时学习，3 小时体育、舞蹈、音乐以及其他活动，2 小时手工劳动。古茨穆茨（1759—1839）是一个泛爱学校的体操教师，他把德国早期体操组成一套“教育体操”，并从理论与实践上作了探讨，写成《青年体操》一书，从而建立了体操理论与实践、生理学与医学之间的关系，被称为“德国体操之父”。雅恩（也译为“扬”，1778—1858）是德国大众和体育协会的创始人，他主张人人都要受到体操锻炼。施皮斯（1810—1858）在古茨穆茨和雅恩体操的基础上创编了一套适合当时学校需要的体操，并把体操列入学校课程，将其按不同的能力、年龄和性别分成若干等级，并把音乐同体操结合起来，为后来自由体操的发展开辟了道路。

这几位只是我们所列举的当时具有代表性的一部分人，在他们和其他一些人的努力下，近代体育史上的“德国体操”得以形成，其特点是“与军队训练紧密地联系在一起”。但是从这时到将体育列入学校课程还经历了一段时间，直到1860年，下令小学男生一律实施体操课，这一课程才算真正列入学校课程。但是纵观这一时期的体育课程，不难发现，当时所有学校体操课程都具有为军事服务的性质。

（2）瑞典的学校体育

地处北欧的瑞典和丹麦是近代学校体操课程的另一个发祥地。瑞典P.H. 林（1776—1839）运用解剖学和生理学知识来阐明体操，创造了瑞典式体操，并把体操分为教育体操（徒手的自由体操）、兵士体操（持器械或武器）、医疗体操和健美体操。后来林氏的儿子H.F. 林（1820—1886）发展了教育体操，按学生的性别、年龄和发育特点使用不同的教材和器械，从而使体操教学具有了一定的科学性。在丹麦，F. 纳克泰戈尔（1777—1847）首创近代最早的体操馆和体操师范学校。1909年，丹麦政府以法令的形式规定体操为中等学校的必修课程，以后又定为小学的必修课程，这是体育成为学校正式课程的开端。以后，瑞典、德国、法国、英国、美国等国政府或地方政府也先后把体育规定为学校的正式课程。

2. 美国的学校体育及其对其他国家体育的影响

19世纪末，德国体操和瑞典体操传入美国，刘易斯（1823—1886）等人把德国和瑞典输入的体操加以改造，创造了健美体操、哑铃体操、棍棒体操，并配上音乐。20世纪初，经过发展后的体操形式又从美国传入日本，后又由日本传入中国。

中国于1904年在《奏定学堂章程》中首次把体操列为正式课程，并在该章程中对大、中、小学的体操课程分别做了说明。其中，《奏定学堂章程》中的高等学堂为大学预科（大学不设体操），其体操课程的要求和内容与中学堂大体相同，只是更加强调兵式体操，以“严整其纪律”。这种体操课程直至1919年“五四运动”时期，没有什么根本变化，只是在1913年《教育部公布中学校课程标准》中规定，“女子中学校免课兵式操，可代以舞蹈游戏”。

（三）现代学校体育课程

中国的学校教育课程（包括体育课程）的发展始终是受到国外教育思潮影响的，所以在对我国的学校体育课程进行探讨，必须着眼于世界范围内的学校教育和体育教育的发展。另外，体育课程的发展关系着方方面面，所以不能仅从政治和经济性质角度进行分析，还要将其与世界范围内的教育思潮联系起来，辩证分析，全面看待。

19世纪末20世纪初，世界范围内的教育领域出现了一股反对传统、提倡革新的思潮。具体内容是很多代表“新教育运动”和“进步教育运动”的先进知识分子对传统学校教育进行指责，认为传统教学模式太过死板，不能适应现代生活的需要。所以他们提出要把学生培养成为个性、能力、智慧、体力以及手工技巧等都充分发展，能够自主独立的人。当时这种思想的代表人物有英国的雷迪、法国的德莫林、意大利的蒙台梭利、比利时的德克罗利和美国的实用主义思想家和教育家杜威及其门徒克伯屈。他们的这些主张得到了杜威的实用主义教育理论的论证，对各国学校教育（其中包括学校体育）的发展产生了重大的影响。

在这种新教育思潮的推动下，20 世纪初，美国的海瑟林顿和威廉姆斯等人提出了摆脱正统的欧洲体操制度、发展满足儿童和青年需要的新体育的观点。到了 20 年代，这种新的体育思想已被人们广泛接受，“一种更不正规的程序，更多的竞赛、运动和自由的游戏成了日常的程序”形成了，美国学者称之为“金色的二十年代”。

这种新教育和新体育也波及我国的学校教育和体育。中国全国教育联合会于 1919 年 10 月召开了第五次会议，通过了《改革学校体育案》，建议将“体操课”改名为“体育课”，内容以普通体操田径、球类、游戏等项目为主。1923 年，政府公布了《新学制课程标准》，正式将“体操科”改名为“体育科”。这一名称的改变，标志着我国学校体育课程的发展进入了一个新的阶段。其特点主要可以概括为图 3-1-1 中的几点。

我国学校体育课程新阶段的特点

- 剔除兵式体操，改变了学校体育课程以“兵式体操”为主的局面，代之以“自然体育”——以田径、球类、游戏等自然活动为主，以儿童的需要和兴趣为中心。
- 开始进行不同体育教学模式的尝试，如根据“设计教学法”提出的体育课的“单元设计教学”“分组教学”等。
- 学校开始成立各种运动代表队，开展了各种竞赛活动。
- 把生理卫生和保健知识列为体育科的内容，扩大了学校体育课程范围。

图 3-1-1　我国学校体育课程新阶段的特点

此后，虽然又有几次对学校体育课程的改革，但其基本的框架没有什么重大的变化。

1949 年中华人民共和国成立后，社会主义教育将培养全面发展的新人制定为终极目标，体育则在其中占据了重要地位，学校体育课程被赋予了新的含义。在后续颁发的一系列计划和大纲中，越来越明确体育的重要性，体育被列为学生的必修课程。在内容和实施方面，批判了实用主义教育和体育思想，建构了以“劳卫制”为中心，以田径、体操、球类等项目为主干的综合教材体系，从而使学校体育课程的目的性、计划性及其实施的规范性和科学性大大加强。

1979 年，改革开放政策实施后，进一步明确了学校体育的性质、任务及其实施的原则和要求，使学校体育得到了进一步发展。

20 世纪 80 年代以来，我国体育课程建设进入发展的最重要时期。国家颁发了一系列教学大纲，促进中国学校体育课程改革与发展进入了一个崭新的时期。

体育课程发展到现在，我国大、中、小学体育课程改革理论与实践已经进入了非常关键的历史时期，“健康第一”思想的确定，新《课程标准》的稳步实施和推广，必将给中国学校体育教学改革与发展带来一个新的繁荣与发展时期。尤其是现在“终身体育”的思想已经深入人心，体育课程在我国高校教育中的作用越来越明显。

第二节　体育课程的学科基础

体育是一门综合性学科，它与各个学科都有着紧密的联系。本节内容主要探讨体育课程的学科基础，内容涉及生物学基础、科学人文基础、哲学基础以及教育学基础多个方面。下面我们就从这几个学科角度入手，进行详细的分析论述。

一、生物学基础

体育课程的生物学基础主要表现在两个方面，分别是人体适应性规律和人体生理机能活动能力变化的规律，具体内容如下。

（一）人体适应性规律

人体机能适应性规律是根据生理学新陈代谢规律提出的。当人体在进行运动时，体内产生一系列变化，机体对这些变化，有一定的反应与适应过程，它是有一定规律的。当人体开始运动时，身体承受运动负荷，体内异化作用加强，体内能量储备逐步下降，这一期间，称为“工作阶段”；经过间歇和调整，可以使体内的能量储备逐渐恢复并接近或达到运动前的水平，这是“相对恢复阶段”；再经过合理的休息和能量补偿，机体恢复功能可以超过原来的水平，称为“超量恢复阶段”。超量恢复的状况将随着运动负荷的大小和人体新陈代谢能力的不同而有所变化，其变化规律如图 3-2-1 所示。

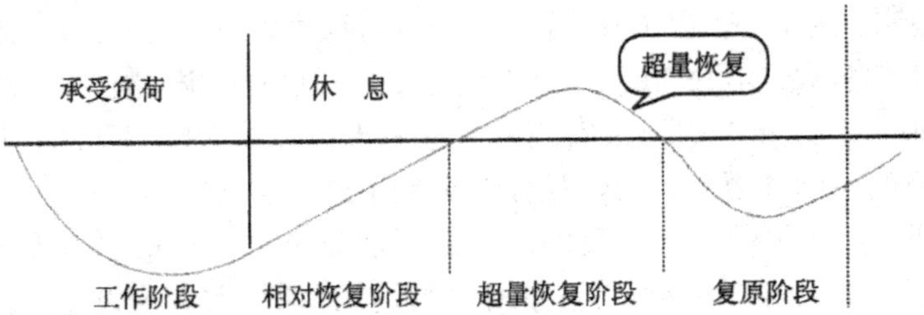

图 3-2-1 人体生理机能适应过程示意图

（二）人体生理机能活动能力变化规律

在体育教学过程中，学生的身心同时参加活动，在反复的练习和休息的交替过程中，学生的生理功能变化有一定的规律性。从一节体育课来看，呈上升—稳定—下降的趋势，具体如图 3-2-2 所示。

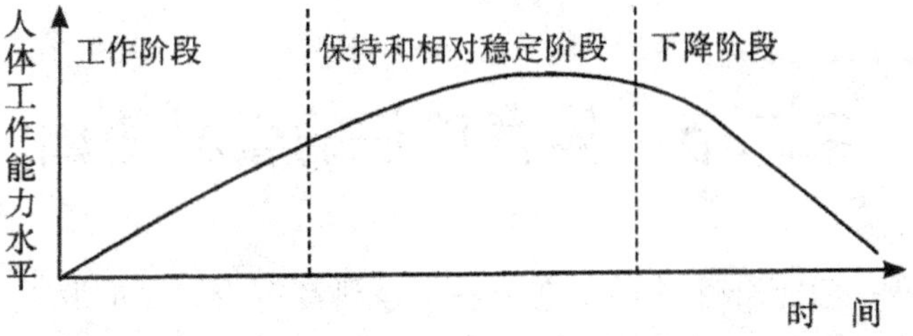

图 3-2-2 人体生理机能活动能力变化示意图

二、科学人文基础

科学指的是对客观存在的事物的正确认识，而人文是对客观存在事实或事物的价值判断。体育学科当以广泛的学科为基础体现了科学主义与人文主义的融合与统一。

体育课程科学，是指基础科学中与人体发展相关的生物力学、生物化学、生理学、运动医学等。体育课程所指的人文，是指以文、史、哲、艺术为精髓的对体育价值的判断。体育课程要遵循人体自然规律与社会规律的统一，是对体育价值更为全面、准确的判断。

三、哲学基础

体育教育在发展的过程中是有科学规律的，它不仅仅是身体领域的教育更涉及心理、生理、哲学等多个领域的知识。其中，哲学是体育教育离不开的基础。

（一）体育课程以辩证唯物主义认识论作为方法论基础

体育教学过程是学生的一种特殊认识过程，体育课程学习，主要是通过身体认知、掌握运动技能。动作技能是复杂的、连锁的、肌肉本体感觉的运动条件反射，它是条件信号与非条件信号在大脑皮层取得暂时联系的结果。学生在学习和掌握体育知识、技术和技能的过程中，必须遵守认识活动的规律，坚持理论与实践相结合的原则，做到理论与实践的具体的、历史的统一。

（二）学生对体育动作技能的认识和把握是理论与实践结合的过程

体育动作技能的形成通常分为三个阶段，具体如下。

1. 粗略掌握动作阶段

粗略掌握动作阶段的特点是大脑皮层兴奋扩散，内抑制不够，表现为动作往往比较吃力、紧张、不协调，并伴有多余动作等。所以，在这一阶段，教学应该注意以下几点。

（1）适当降低难度。

（2）建立正确的动作表象和完整的动作概念。

（3）加强保护与帮助。

（4）要根据学生的具体情况安排适宜的运动负荷，尽可能使学生在注意力集中、精力充沛的情况下去练习。

（5）正确运用教学方法。根据教材特点与学生的实际，运用语言法、动作形象与直观法，注意分解、定位、助力、阻力等方法的运用，使学生明确动作学习的意义与任务，建立正确的动作表象。通过尝试性的练习，初步建立动作的基本框架结构。

2. 分化阶段

在体育动作的分化阶段，大脑皮层兴奋与抑制过程处于分化阶段，兴奋相对集中，内抑制逐步稳定，能较准确地分析与完成动作，多余动作逐步消除，动作的紧张性降低。规范动作细节，提高动作的协调性与节奏感，初步建立动力定型。这个阶段的教学应该注意以下几点。

（1）精讲多练，注意练习的次数与质量。

（2）多采用完整练习法，尽早建立完整动作的动力定型。

（3）逐步采用变换练习法。

（4）注意及时反馈。

（5）区别对待。

3. 巩固与运用自如阶段

在巩固阶段，学生的主要任务就是对已经学习和掌握的动作技能进行巩固和发展，从而扩大动作技术变化的范围，以便在多种情况下灵活运用。根据个人技术水平，促进学生在提高身体素质的基础上，进一步改进、完善动作技术。当对体育动作技能达到运用自如阶段时，大脑皮层的兴奋与抵制在时空上都更集中，动作准确、熟练、省力、连贯、节奏稳定，可靠性与适应性增强。该阶段的教学应该注意以下几点。

（1）发展学生的身体素质。

（2）注重启发式教学的运用，讲解主要是提示，促进学生自我认识、评价动作完成情况，提高分析问题与解决问题的能力。

（3）注意学生动作细节的改进与提高，督促其提高动作的完整性与连贯性。

（4）加大运动负荷。使学生在承受较大负荷的情况下，甚至是在有一定疲劳的情况下，准确熟练地完成动作，提高动作技能的稳定性。

（5）多采用重复练习法，以求动作规格、用力、基本姿势等都更加准确、规范。

四、教育学基础

体育课程是学校教育的重要组成部分，也是国民教育的构成要素，它与德育、智育紧密结合，肩负着为社会培养全面发展人才的历史使命，对社会的精神文明具有积极作用。随着时代的发展，教育在不断进行改革，它们对体育课程的影响主要表现在：第一，教师角色的转换；第二，“健康第一”的理念得到确定；第三，从学科中心论转向素质教育；第四，从精英教育到全员教育。

第三节　体育课程的编制与实施

体育教育是通过体育课程的阶段性目标逐渐来实现的，体育课程的编制科学化是保证体育教育完成效率的基本。它包括体育课程的编制和体育课程的实施。

一、体育课程的编制

科学的体育课程的编制，是符合师生教学任务的，它能保证整个过程的合理实施。

体育课程的编制主要可以从以下几个方面进行探讨。

（一）体育课程编制的考虑因素

体育课程的编写和制定是复杂而综合的，它所应考虑到的因素会有很多。

在进行体育课程编制的时候，应该着重考虑以下几项因素。

1. 学生的因素

学生是学校体育课程的主体，所以对学生的身体发展与心理特征进行考虑，是学校体育课程编制的必然要求。而这一步骤要求学校根据学生智力、能力和身体状况来选择和组织相应的体育课程内容，具体表现为以下几点。

（1）学生身心发展的规律表现为整体性、连续性和个别差异性。

（2）学生的身心发展具有个别差异性，主要是指学生的个性心理特征和个性倾向性表现出不同的差异，包括兴趣、需要、动机、理想、气质、性格、能力等方面。

（3）体育课程编制应体现学生的品德、才智、审美、体质发展的整体性。

（4）体育课程编制应体现学生的连续性和阶段性。学生的身心发展是一个持续不断而又渐进的过程，同时还表现出一定的阶段性。

2. 体育学科因素

社会在不断发展，科学技术也在不断进步，人们开始学生物学、医学等方法，研究人体的细胞、肌肉等组织和结构；用心理学的方法研究人的心理变化规律；用实验的方法来研究运动对人的生理和心理的影响；利用高科技等手段使人的动作最佳化，体育已成为含有生命科学、自然科学、社会科学等在内的综合性课程。因此，在体育课程的编制过程中，应该考虑学科本身的发展趋势，让学生了解学科的发展动向，使体育课程编制更可靠、更科学。

3. 社会需求

体育课程对于运动技能所提供的价值，更多的是将满足社会生产劳动的需要，转换为提高个体的生活质量方面。

（二）体育课程模式

在体育教学中，体育课程模式的变化是符合实际教学本身的。它包括学体本位体育课程模式、学科本位体育课程模式、综合体育课程式和社会本位体育课程式四种，具体如下所述。

1. 学生本位体育课程模式

学生本位体育课程模式的主要思想理论：体现“以学生为中心”或

“学生中心学校”的课程思想。其内涵主要包括三个方面，具体如图 3–3–1 所示。

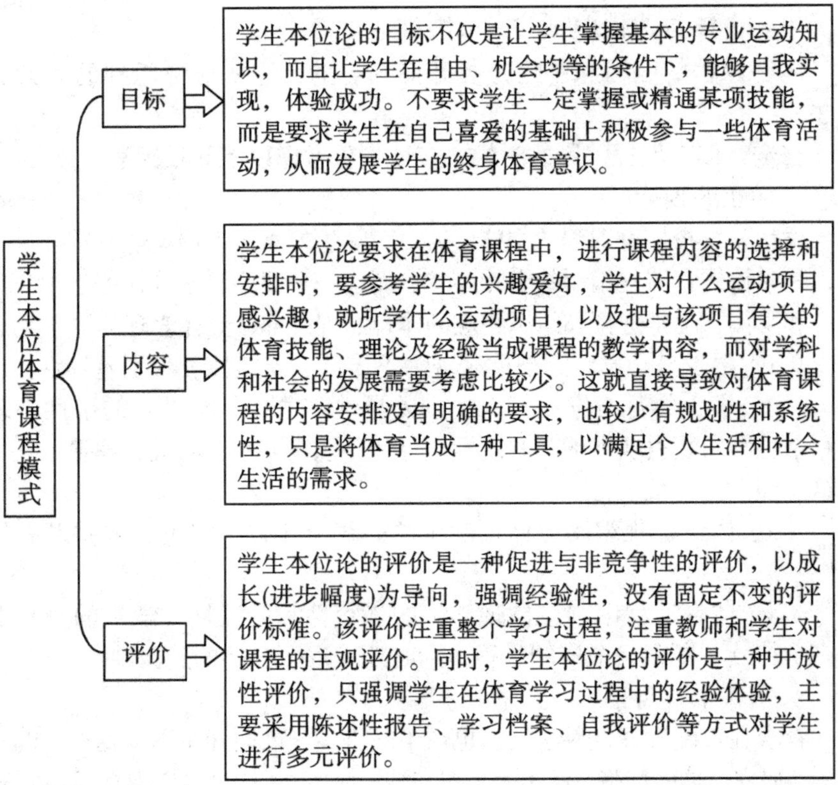

图 3–3–1　学生本位体育课程模式

2. 学科本位体育课程模式

学校教育的目的在于把人类千百年积累下来的文化科学知识传递给下一代，而这些文化科学知识的精华就包含在学校设置的各个学科中。学校本位体育课程模式的内涵及评价可以概括为以下四点。

（1）学科本位模式的目的和目标

学科本位模式的目的和目标是要把学生从小就作为小学者、小科学家来培养。在这一目的和目标的驱使下，这一体育课程模式更加注重学科本身的价值，在设置具体的课程内容时，以增强学生体质、强化学生的体育专业知识和技能等为主要任务，不断丰富教学手段，投入更多的资源在培养专门的体育人才上。这一模式的主要弊端是忽略了社会与学生对体育的具体需求。

（2）学科本位课程模式的内容

长期以来，人们积累下来的体育学科的系统知识，主要强调的是体育科学的基本知识、技术、技能。重视技术和技能的传授，轻视体能的发展和能力的培养。

（3）学科本位课程模式的特征

学科本位课程模式的特征主要体现在三个方面：第一，专门性，即反对学科的综合性；第二，学问化，即先考虑学术性，然后再考虑青少年的特点和社会的一般需求；第三，结构化，即重视学习每一门学科的基本概念。

（4）学科本位课程模式的评价

学科本位课程模式的评价形式多为标准化测验、学业成绩测验以及衡量学生已掌握知识的种种方法。有严格的评价标准，主要采用测试的手段来评价学生的学习水平，重视结果，忽视过程。

3. 综合体育课程模式

综合体育课程模式包括体育课程模式的目标、综合体育课程模式的内容、综合体育课程模式的评价三种形式，具体如下所述。

（1）综合体育课程模式的目标

①实现知与情的整合，即达到人格整体发展。教师和学生是教学的两个主体，在教学过程中相互作用。所以学生与教师之间的情感联系能够有效促进教师教和学的进程。

②实现知识与生活的整合。知识的学习最终将运用于生活，同时，在生活中，也可以获得很多实践经验，使得知识的学习更加丰富和充实。所以，所谓的知识与生活的整合，其实就是将课堂知识与生活实践相结合，互相补充，互相融合，共同解决在社会实践中遇到的现实问题。

③实现各领域学科之间知识的整合。体育是一门综合性学科，所以与其他各项学科之间建立知识联系是非常必要的。通过各门学科知识的融合，可以使学生更容易掌握和运用学科的基本知识。

（2）综合体育课程模式的内容

综合体育课程模式的课程内容比较广泛，又比较系统和全面，主要包括三个方面：体育学科本身的知识和相关学科知识、学生的需求知识、社会的需求。

（3）综合体育课程模式的评价

这一模式的评价主要运用卷宗评级法，重视过程评价与终结性评价相结合。另外，这一模式的评价也十分注重学生的参与，包含了学生自我评价、学生互评以及教师评价多种形式，力求做到综合、公正。

社会的发展导致人们对综合型人才的需求增加，在综合体育课程模式中，综合体育课程模式越来越受到大家的重视。综合体育课程模式也越来越注重知识的整合和实际运用，提倡学习内容的横向性、跨学科性和综合性。

4. 社会本位体育课程模式

所谓社会本位，就是以社会需要为导向的一种价值取向。教育的社会本位就是教育要适应社会的需要来培养人才。因此，以体育课程为中心，社会本位体育课程模式的内涵主要可以概括为三个方面，如图3-3-2所示。

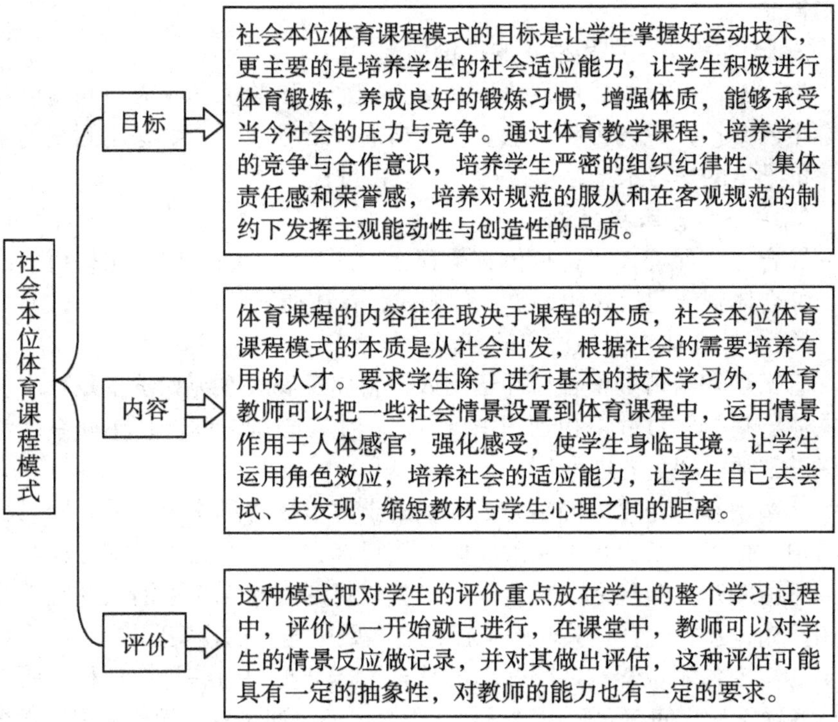

图3-3-2　社会本位体育课程模式

（三）体育课程标准

基础教育体育课程标准对学生在体育与健康素养方面所应达到的水平进行了规定，体现了国家对不同学段学生在体育与健康知识、身体健康、运动技能、心理健康、社会适应能力等方面的基本要求。这一标准是由国家教育主管部门制定与颁发的，具有绝对的权威性。因此，接下来我们就详细分析一下体育课程标准制定的具体内容。

1. 体育课程标准制定的理念

体育课程标准制定的理念是人们对体育课程的价值认识与追求，是一种相对稳定的、具有明确指向性的体育课程认识与观念体系，它的具体内容主要表现在四个方面，如图3-3-3所示。

体育课程标准制定理念

- 改革课程内容和教学方式，努力体现课程的时代性，培养学生的终身体育意识。
- 强调以学生发展为中心，重视学生的主体地位，帮助学生学会学习。
- 激发运动兴趣、注重学生运动爱好和专长的形成，奠定学生终身体育的基础。
- 坚持“健康第一”的指导思想，培养学生的健康意识，锻炼其体魄，促进学生健康成长。

图 3-3-3 体育课程标准制定理念

2. 体育与健康课程的设计思路

体育与健康课程的设计思路主要包括以下几个方面。

（1）根据课程目标，确定课程内容标准

课程目标是一定教育目的在课程领域的具体化，是对学生通过课程学习所要达到的预期学习结果的陈述，它一般是由国家的课程标准或课程指导纲要明确规定的。

体育课程目标体系是以学生需要作为课程目标设置的主要依据，同时兼顾学科内容体系和社会需要。例如，《体育与健康课程标准》的目标体系，考虑了体育学科自身的特点和社会对体育课程学习的需要。

体育课程内容标准是根据课程目标，确定能达成目标的课程内容框架，并不规定或限制具体的教学内容、比例。标准在宏观规范上指导各地、各校的教学内容，同时也给各地、各校留有较大的、选择教学内容的余地和广阔的、开发课程内容的空间。

（2）根据可操作性和可观察性要求设置具体的学习目标

体育学习目标来源于体育课程目标，是预期的学生学习结果或学习活动应达到的标准，是课程目标的进一步具体化。体育学习目标由教师根据有关教育法规《课程标准》和各方面实际情况制定，它是指导教学活动设计、实施和评价的基本依据，对教学活动具有导向、指引、调控、测评等功能。

（3）根据课程内容的特征确定必修内容

新的《课程标准》只是确定了体育课程的内容框架和选取原则，各校在体育课程实施中，应根据学生身心发展的特征和学习内容的可接受性，精心选择受学生喜爱，能为学生终身发展奠定基础的体育与健康基础知识、基本技能和方法作为学习内容。

（4）根据学生的需求和爱好加大运动技能学习的自主选择权

《课程标准》根据学生的需求和爱好，增加了学生选择运动技能学习的自主性。它一方面对教学内容提要的选取做了特别灵活的处理，另一方面，使学生对学习内容具有一定的选择权。

（5）根据课程的发展性要求建立评价体系

根据《基础教育课程改革纲要》各项建立评价体系的要求，力求突破注重终结性评价而忽视过程性评价的状况，提出强化评价的激励、发展功能而淡化甄别、选拔功能的基本原则，把学生的学习态度、情意表现和合作精神、体能、知识与技能纳入学习成绩评定的范围。

二、体育课程的实施

体育课程的实施可以从以下几个方面探究。

（一）体育课程实施的过程

体育课程的实施可以分为三个阶段，如图 3-3-4 所示。

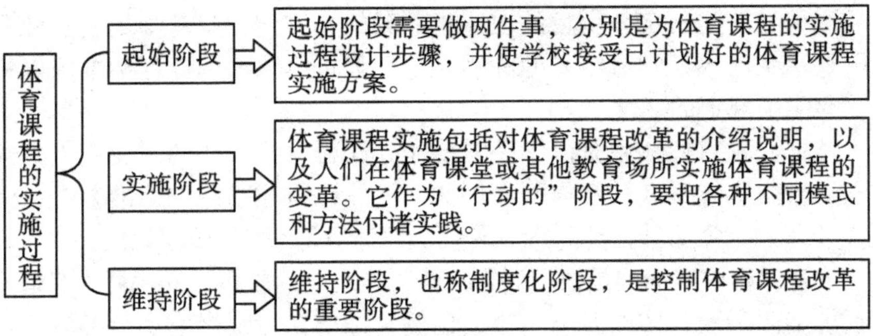

图 3-3-4　体育课程的实施过程

（二）体育课程实施的策略

体育课程的实施策略是根据从上至下、从下至上及以从中间至上三种实施方法进行的，具体如下。

1. 从上至下

从上至下的策略指的是以国家和地区为中心的、逐渐推进实施的策略。这种策略包括两种模式：第一种，调查与发展模式，该策略将国家制定的体育与健康课程标准、各地制定的体育课程改革方案等，作为体育课程改革的计划而进行传播、推广；第二种，多因素综合模式，该模式更多地关注政治、经济、社会方面的因素，并且通过社会形式、教师的领悟力和技术来克服单一因素变革的局限。

2. 从下至上

从下至上的策略是基于自上而下的策略提出的，是以体育教师作为体育课程实施的主体，以当地或体育教师所关心的问题为起点来进行体育课程变革。具体变革可以分为以下四个步骤。

（1）在体育教师中开展改革的可能性讨论，产生对改革的期望。

（2）部分教师开始采取行动。

（3）体育教师产生对改革的判断。

（4）改革产生了问题，体育教师对体育课程的基本假设产生疑问等。

3. 从中间向上

从中间向上的策略认为学校是体育课程改革最适当的单位，一方面要着眼于学校体育整体的发展，而更重要的是要聚焦于学校体育改革的核心作用组成部分——体育教师，通过为体育教师创造条件，推动与协助体育教师参与变革。这种策略倡导在体育课程实施的过程中应从以下几个方面入手。

（1）帮助体育教师收集来自校外的信息，作为体育课程改革的诱因。

（2）通过校内校外宣传促进体育课程改革新思想的普及、推广。

（3）通过体育教师的互相交流来促进新观念的广泛传播。

（4）鼓励体育教师在体育课程改革过程中，随着认识理解的改变而思考如何运用新信息。

（三）体育课程实施中参与者的作用

在体育课程实施过程中，主要的参与者包括以下几类人群。其作用则根据参与者的不同而有所不同。

1. 学生

在过去的体育课程实施过程中，教师占据主要地位，学生的参与度很少，所以导致很少有人能认识到学生在体育课程实施过程中的重要作用。但是新的体育课程计划为了改变这一情况，使课程计划取得成功，要求提高学生的参与度。因为如果学生们发觉这些要进行的体育课程活动与自己无关的话，他们将不愿意参与。为了达到理想的情况，应该让学生们以高度的兴趣和热情投入到体育课程改革的实践中去。

2. 教师

体育教师在整个体育课程实施的过程中，扮演着重要的角色，他们会直接影响到学生的学习。因此，教师的优秀程度也将很大程度上影响学生的学习情况。所以我们应该充分意识到体育教师的知识和能力问题是提高体育课程水平工作的中心任务。体育教师不仅要参加在体育课程上进行的改革，而且要参与整个体育课程变革活动。

3. 校长

校长是一校之长，校园内的很多事情都需要经过校长的指导和管理。首先，他们会对体育课程组织的环境产生重要影响；其次，他们能够对体育课程改革参与者起到支持作用。所以，校长在推进体育课程实施中具有主要作用。如果校长能够在体育教师中创造出良好的工作关系和氛围，那么，体育教师就会愿意承担必要的风险来完成新体育课程的开发和推广工作，从而也就有可能成功地实施体育课程变革了。

作为体育课程的领导者，校长所能起到的作用主要表现为以下两个方面。

（1）对教师工作的支持

①为新体育教师提供定向计划。

②使学校各个部门参与体育教师之间的交流。

③鼓励本区域内学校体育教师之间的交流。

④与体育教师进行较为充分的、平等的交流。

⑤制定体育教师的专业计划。

⑥鼓励体育教师利用图书馆和媒介服务设施。

（2）对体育课程实施的管理

①制定一套明确的本校体育课程实施的目标。

②正确处理有争议的、体育课程改革和发展中出现的问题。

③鼓励和奖励体育课程革新。

④调整学校体育环境、加强指导工作。

4. 体育教研员

体育教研员在体育课程的编制和实施过程中，起着重要的组织和监督作用，他们监督体育课程改革活动并对这些活动是否合理进行判断。事实证明，在整个体育课程实施过程中，很多内容都需要监督，包括体育教学方法、正在应用的体育内容等。除此之外，还要对教师的工作进行指导和监督。由此可见，体育教研员所提供的指导性监督是非常重要的，他们为课程实施提供方向和指导，并确保体育教师具备实现体育课程变革。

5. 家长和社区成员

人们太重视教育，以至于把教育变成了教育者的事了，所以忽视了家长和社区成员在学校体育课程中的作用。实际上，家长和社区成员都想参与或影响学校体育课程，并成为体育课程变革的参与者。而且将家长和社区成员吸纳进来，可以在体育课程改革时结合各种团体的不同观点。

第四节　体育课程的学习与评价

体育教学的主体是体育课程，作为传道授业的载体，体育课程的学习包含了多方面内容，而如何根据学习内容进行评估也是体育课程必不可少的一个环节。

一、体育学习的内涵

体育学习的内涵包括其概念、学习过程、运动技能的形成、体育学习的特点多个方面，接下来我们对其展开详细的分析和论述。

（一）体育学习的概念

体育学习是一个系统化的过程，有着明确的目的和具体的计划。体育学习的主体是学生，教师在这个过程中起着引导和辅助的作用。体育学习的内容一方面是掌握一定的知识和技能，另一方面主要是培养学生的品德和个性。体育学不是一门独立的课程，它与多项学科都有着紧密的联系，它是一门综合性学科。所以，在体育课程的学习过程中，学生不仅可以掌握一定的体育知识和技能，还能全方位提高自己的体育运动素养，获得更多的体育运动经验，为将来的生活和工作奠定良好的基础。

（二）体育学习的过程

体育学习的过程包括很多，形成的因素也较为复杂，但总体分为感知、记忆、反应三大组成部分，具体如下。

1. 感知

学生的学习是在教师的带领和指导下进行的。所以在课堂上，教师所示范和讲解的动作，学生通过视觉和听觉将这些刺激转换成神经信息，进入感觉登记器，有的信息被记录了下来，而有的则被遗忘，这一过程就是感知的过程。

2. 记忆

记忆分为短时记忆和长时记忆。短时记忆一般贮存的是被感受器登记了的技术动作的相关信息，短时记忆可以在一定时间内，经过信息编码后进入长时记忆。所谓的信息编码，实际上是动作形式的一种转换，也就是原来以知觉方式存在的动作印象向动作概念、要领和动作表象的形式转换。

3. 反应

当教师要求学生做出某个动作时，学生会有一定的反应过程，在这个过程中，学生需要对以前掌握的贮存在长时记忆中的信息进行选择和提取，从而应教师的要求，做出相应的动作。反应的过程表明在学生的技能记忆中，已经掌握了该项技能，说明学习确已发生。

上述三大环节反映的是整个体育学习过程中的信息流程和转换，这也是从美国著名心理学家加涅的信息加工学习结构模式中提取出来的。而通过对这一模式进行分析，还可以总结出，学生每一个具体、完整的学习活动，基本上都可以分为以下八个具体阶段。

（1）动机。动机就是一个人学习的动力，所以学生有了学习的动机和期望，就会使学习行动指向学习的目标。

（2）领会。指的是学生对接收到的知识和技术进行了注意和选择性知觉。

（3）习得。指的是学生已经掌握所学知识，并且已经能灵活运用，会对其进行重新编码。例如，技术动作由短时记忆中的视觉印象转换成了动作的概念、要领、口诀、顺口溜及动作表象等。

（4）保持。学生将习得并经过编码的信息贮存在长时记忆中。由于新旧信息的干扰有的内容会被遗忘，而有的会被保持下来，为了使保持下来的信息更多，就要加强动作技术的重复性。

（5）回忆。这是一个将贮存在长时记忆中的内容搜索或检索的过程，这个过程往往要通过外部环境提示某些情境或刺激才能完成。

（6）概括。所谓概括，就是指学生将习得的知识技能运用到类似的情境中的过程。

（7）作业。作业反映的是一种检验或巩固过程，通过作业，可以对学生学习情况进行了解。

（8）反馈。反馈发生在学生学习行为完成之后。当学生得到他的学习行为使一定的预期得以实现这个信息后，学习的行为就完成了。反馈是学习者通过对其行为效果的观察提供的。如果学习的目的是习得某项运动技能，则反馈来自成功地做出这种运动技能。

（三）体育学习的特点

综上所述，根据学生在体育学习中的活动特点，以及体育学习对学生的要求，体育学习的特征可以总结为五点，具体如图 3-4-1 所示。

体育学习的特点

- 学生的体育学习是在教师的指导下进行的。
- 在体育学习中，学生要承受一定的运动负荷。
- 在体育学习中，学生以学习和掌握间接经验为主。
- 体育学习主要是在从事身体练习的过程中进行的。
- 体育学习对学生良好情感和品德的形成具有独到的作用。

图 3-4-1　体育学习的特点

二、体育学习的策略

体育学习策略指的是学生在体育学习过程中，为了达到特定的学习目标、提高学习效果而主动采取的对学习活动进行自我调节和控制的一系列程序、方法和技能。

（一）体育学习策略的特点

体育学习策略的特点可以概括为以下几点。

（1）指向性。所谓指向性，就是指体育学习策略的产生和应用是有着明确的目标的，即解决在体育学习过程中各种各样的问题，掌握特定的学习内容，达到预定的学习目标，获得理想的学习效果。

（2）灵活性。学习策略不止一种，尤其在体育学习过程中，不存在一个大而全，能解决学习中所有问题的学习策略。所以，不同的问题，其学习目标、内容、对象和情景等都是不同的，需要采取不同的策略，这就是体育学习策略的灵活性特点。

（3）调控性。指的是在体育学习活动中，学生能够根据学习的要求，选择适当的解决问题的方法，监控学习活动的过程，不断取得反馈信息，及时调控自己的学习过程，维持或修正解决问题的方法和手段。

（4）操作性。体育学习策略的制定是为了更好地解决学生在学习过程中遇到的问题，它们是针对体育学习目标的具体要求而制定的，并具有与之相对应的实施程序和方法，所以它们具备良好的可操作性，也就是能转化为学生的具体行动。

（5）综合整体性。体育学习策略多种多样，它们在学生的体育学习过程中是相互联系、相互影响、相互作用的。它们是一个整体，共同构成了学生体育学习策略体系，对提高体育学习的效果具有重要意义。

（二）体育学习策略的构成

根据国内外教育界、心理学界对学习策略的构成所做的研究和取得的成果，结合体育学科学习的要求及其特殊性，体育学习策略主要由以下几种策略构成。

1. 体育学习的认知策略

从信息加工理论的角度来看，体育学习的认知策略是指对体育运动知识、技术进行有效的识别、理解、保持和提取的策略。这种策略又可以具体分为以下几种形式。

（1）注意选择性策略。它是指在体育学习中，学生的注意总是指向与学习目标有关的刺激，并对信息知觉具有选择性。

（2）复述策略。它是指对所学知识或动作技术的信息，如概念等要进行反复默诵、重复练习等。

（3）练习策略。它是指从行为上保存动作技术的策略。

（4）精细加工策略。它是指通过把新学的体育知识、动作技术与已有的知识和技术动作联系起来，以此增加新信息的意义。

2. 体育学习的元认知策略

所谓元认知策略，指的是个体对自己的认知过程和结果以及与之有关的事项的认知，可以说是对认知的认知。元认知是体育学习策略结构性的核心，它的实质可以概括为个体对自己认知活动的自我意识、自我体检和自我控制。元认知的策略又可以具体分为以下几项主要策略。

（1）心理激活策略。学生在面临学习的任务现实和远景价值时有明确的认知，才能在体育学习中激活和维持良好的注意、情绪和动机水平，才会更有效地选择和运用学习方法。因此，要采用心理激活策略，在学生从事体育学习时，激活其学习心理上的觉醒状态，包括学生的注意、情绪和动机等。

（2）制订计划策略。在体育学习过程中，学生进入学习状态后，就要对自己的学习环境、学习目标、自己的个性和学习特点等有一个清醒的认识，进而对自己在体育学习上的强势和弱势进行分析思考。从而找到适合自己的学习内容和学习方法，并为之制定相应的学习计划，列出可能需要的学习和练习方法，这样有利于帮助学生更科学、有效地学好相应的知识。

（3）监视策略。监视策略指的是学生在体育学习过程中，需要不断把自己所采用的学习和练习步骤、学习和练习的方法、手段与习得的结果联系起来进行对照。从而对自己的学习计划、学习和练习的方法、手段等进行检查，与习得的结果联系进来进行对照并进行适当的调整。

（4）调节策略。根据从监视策略所获得的有关信息，对学习计划和方法进行调节，维持或修正体育学习行为，使学习的计划和方法更适合学习的要求，有利于有利预期目标的实现。

3. 体育学习的资源管理策略

体育学习的资源管理大体由四部分组成，它们分别是体育学习的环境管理策略、体育学习的时间管理策略、体育学习的努力管理策略和寻求他人的支持策略，具体如下述。

（1）体育学习的环境管理策略。在体育学习过程中，学生需要将学习和练习相结合，因此，所谓的学习环境，就是指学生在学习和练习时所处的场所环境，这个环境的好坏将会严重影响他们的学习效果。因此，在进行体育资源管理的时候，一定要考虑到这一要素，为学生提供良好的学习环境和练习场所。

（2）体育学习的时间管理策略。体育学习的时间包括学习的时间和练习的时间，只有合理分配，才能保障良好的作息制度以及高效的学习。因此，制定一个合理的学习时间表对促进学生的体育学习是十分有益的。

（3）体育学习的努力管理策略。这主要指的是当面对学习过程中的种种困难时，学生需要付出自身的意志努力，适应由于练习而产生的身心方面的不适，坚持不懈、自我强化、自我调整，从而优化练习效果。

（4）寻求他人支持的策略。除了自身的努力外，学生还可以适当寻求他人的支持和帮助，包括体育教师、同学、小组帮助等。这一策略也需要学生了解自己的学习情况并清楚自己要达到的目标，从而提高学习效果或改进学习和练习方法等。

4. 体育学习的运动技能形成策略

这一策略又可以具体分为以下三种策略。

（1）认知与定向阶段的练习策略。

（2）联系形成阶段的练习策略。

（3）自动化熟练阶段的练习策略。

（三）体育学习策略的指导

体育学习策划是指导体育教学达成目标的重要手段，体育学习策略的指导一般要注意以下三个方面的内容。

1. 影响体育学习策略获得和运用的内部因素

（1）学生的年龄。不同年龄段的学习能力是不同的，其一般规律是随着年龄的增长，学生学习、掌握和运用策略的水平会越来越高。因此，年龄越大，接触到的学习策略越复杂。

（2）学生的智力水平。每个人的智力水平都是不一样的，这就决定了每个人的学习能力也有一定差异。所以，在体育学习过程中，不同的学生因为智力水平的不同，掌握学习策略的能力也有所区别。

（3）学生的动机水平。动机是学生学习的动力，所以学习动机的强弱将会在很大程度上影响学生的学习积极性以及他们的学习成效。

（4）学生已有的体育知识和动作技术基础。

（5）学生的元认知发展水平。前面我们说过，所谓元认知，就是对认知的认知，而学生的元认知水平也是随年龄的增长而增长的。

2. 影响体育学习策略获得和运用的外部条件

外部条件主要指教师因素，如体育教师的策略教学与指导的意识、体育教师的策略教学经验及其教学方法的灵活运用等。

3. 体育学习策略指导应该注意的事项

在体育课程中，体育学习策略是体育教育的一部分，在进行体育学习策略指导时，应着重注意以下问题。

（1）尊重学生的个体差异。每个人的年龄、性别、体育基础、身体条件、智力水平等都会对其体育学习产生不同程度的影响，因此，在体育学习过程中，教师应该理解和尊重每个学生体现出来的差异，善于根据学生特点有针对性地进行学习策略指导。

（2）为学生提供灵活运用体育学习方法的机会和条件。学习方法是为了解决实际问题，同时，只有通过运用才能发展成学习策略。因此，体育教师应该努力为学生创造运用不同的学习方法的机会和条件，让她们在实践过程中，不断地提高自身的体育学习策略水平。为了实现这一目标，教师可以在教学过程中，设计更多的相关活动，营造相应的学习氛围，激发学生的学习兴趣，提高他们的参与积极性。

（3）激发学生运用体育学习策略进行学习和运用的兴趣。俗话说，兴趣是最好的老师，提高学生的兴趣对提高学生的学习效率具有重要意义。但是在激发学生的学习兴趣之前，教师要通过一系列讲解和引导，让学生清楚地认识到体育学习策略方面的知识，以及这些知识将会在他们将来的学习、生活和工作中产生重要的作用和意义。一旦学生认识到其重要性，那么他们的学习愿望就会大大提高，教师的目的也就达到了。

三、体育学习的评价

在进行体育学习评价之前，首先要了解其基本理念。体育学习评价要注意以下几项基本理念。

（1）关注学生的进步与发展。

（2）实现评价主体的多元性。

（3）强调评价内容的全面性和可选择性。

（4）在评价方法的选择上要关注学生的个体差异。

（一）评价的目的

在体育教学完成一阶段后，就要对其进行评价，以验证其效。体育学习评价的目的可以概括为以下几点。

（1）培养学生正确认识、评价自己与他人的能力，达到自我教育和互相教育的效果。

（2）为学生提供展示自己能力、水平和个性的机会。

（3）判断学生在体育学习中存在的不足。对学生进行评价，就要客观地就其优缺点进行分析探讨，不能只看到好的一面，还要看到其不足的地方，进而加以改进，真正提高学生的学习效率。

（二）评价的内容

在体育课程中，体育学习评价作为体育教育的一部分，是保证体育教学效果的基本，体育学习的评价主要包括以下几方面内容。

1. 知识与技能评价

所谓的体育知识和技能，主要包括对体育和健康的认识，体育与健康知识和方法的掌握与运用，以及专项运动技能的掌握与运用情况。所以在评价时，主要从这几方面展开，对学生的学习情况进行分析。

2. 体能评价

学生的体能不是一成不变的，例如，年龄的增长会很大程度上影响学生的体能水平。当然，除了年龄，学生的体能、兴趣、爱好、特长等都是影响其体能水平的重要因素。因此，对不同学生的体能水平进行评价的时候，不能“一视同仁”，而要根据每个人不同的情况，他们不同的发展目标和学习内容，选择相应的体能测试项目。

3. 健康行为评价

判断学生的行为是否健康，一般是有一定的参考标准的。例如，是否有不良生活习惯，是否学会制订并遵守合理的作息制度，是否注意个人的卫生，是否为维护公共卫生而努力等。如果生活习惯良好、拥有合理的作息制度，卫生情况良好，一般可以说明该学生的行为是比较健康的。

4. 学习态度评价

学生的学习态度如何也是具有一系列的参考标准的。例如，能否主动地参与体育活动；能否运用所学知识和技能参与体育活动；能否积极主动地思考，为达到目标而反复练习；能否积极投入健康教育活动等都将成为他们的重要评价依据。

（三）评价的形式和方法

体育学习经过一段时间以后，即要对其进行评估和评价，就形式和方法而方，我们在此将做一详细介绍。

1. 评价形式

体育学习的评价形式是多种多样的，其目的是更好地验证某阶段体育教学的成效。体育学习评价形式主要包括学生自评和互评、教师评级两种形式。

（1）学生自评和互评。通过学生自评和互评，能有效增强学生的主体意识。

（2）教师评价。在教学过程中，体育教师与学生是相互合作的关系。所以，体育教师在对学生进行评价时，会根据学生所定的学习目标完成情况，以及他们在课上的行为表现、与之前相比的进步情况等，对学生的学习情况进行较为全面的评价。除此之外，为了保证评价的全面和公正，教师也会参考学生对自我的评价以及学生相互之间的评价，更好地了解学生在体能、学习态度以及情意表现等方面的情况。

2. 评价方法

体育学习的评价方法主要可以分为四种，如图 3–4–2 所示。

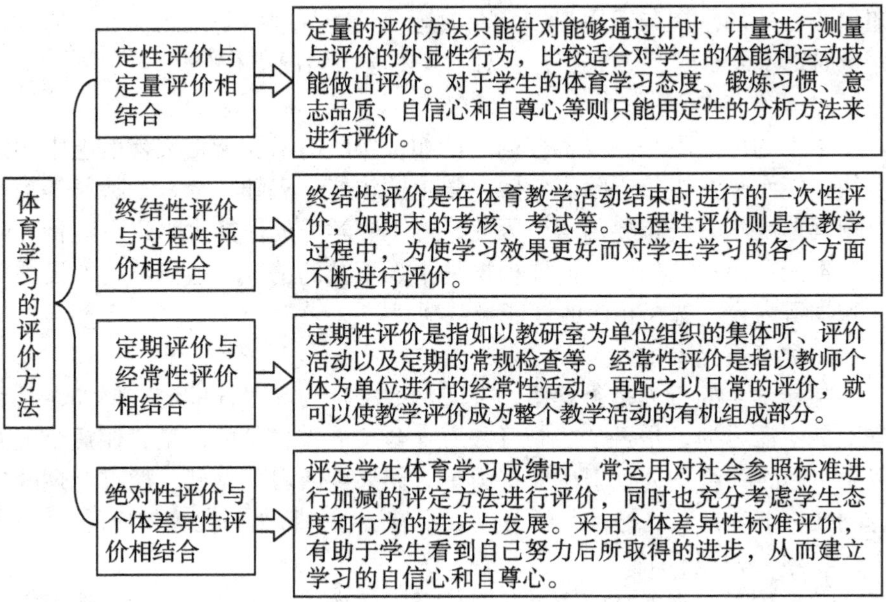

图 3–4–2　体育学习的评价方法

第五节　体育课程资源的开发与利用

课程资源是教育改革过程中的重要支撑力，它的丰富性程度决定着课程目标的实现水平。因此，教育改革设想如果想变成实际的教育成果，就需要对课程资源建立正确的认知。对于体育课程来说，在城乡和不同地区学校体育设施、设备的差别日益加大的情况下，要促使所有学生达到体育课程标准提出的目标要求，努力开发与利用各种体育课程资源就显得尤为重要。因此，接下来我们就对体育课程资源的相关内容进行详细探讨。

一、体育课程资源的性质

体育课程资源可以来自各个领域，所以它们具有多样性、多质性和具体性。

（一）具体性

所谓具体性，指的是不同的体育课程资源会因为地域、文化传统、学校以及师生各自的差异而有所不同。其具体表现为四点，如图 3-5-1 所示。

体育课程资源的具体性

- 在不同的地域下，由于可以利用与开发的体育课程资源不同，其构成形式和表现形式也存在差异。
- 在不同的文化传统背景下，人的价值观念、道德意识、风俗习惯、宗教信仰等具有独特性，相应开发出来的体育课程资源也各具特色。
- 学校性质、规模、位置、经济力量、传统以及教师素质的不同，也使得学校和教师利用与开发体育课程资源的范围和力度产生差别。
- 学生个体差异以及家庭背景的不同，可供利用与开发的这部分体育课程资源区别很大，在利用体育课程资源的成效上也有所不同。

图 3-5-1 体育课程资源的具体性

（二）多样性

所谓多样性，就是指体育课程可以利用与开发的资源是多种多样的，通过总结，可以归纳为四点，如图 3-5-2 所示。

体育课程资源的多样性

- 既有校内的，如早操、课间操、课外体育活动等，也有校外的，如体育馆、健身馆等。
- 既有来自自然界的地理资源，如空气、阳光、水、季节、地理条件（如江、河、海、山、冰、雪，等等，也有来自于社会的，如家庭体育活动、社区体育活动竞赛、少年宫体育活动，体育俱乐部活动等。
- 既有人力的，如教师、学生、家长等，也有物力的，如体育场地、设施设备和器材等。
- 既有文字的和实物的，如书籍、资料等，也有活动的信息化，如音像、影视作品等。

图 3-5-2 体育课程资源的多样性

（三）多质性

所谓多质性，就是指同一种体育课程资源可以用于不同的学科中，体现其不同的用途和价值。例如，学校附近的山，既可以作为学校体育课中进行体育锻炼的资源，也可以作为劳动技术教育课的场地，开展植树等活动。

二、体育课程资源开发的内容

体育课程的设置涉及方方面面的内容，需要对多种资源进行收集和开发，从而促进体育课程的有效实施。这些资源包括自然地理资源、体育信息资源、人力资源、课内资源和课外资源等多种形式，其开发和利用情况如下。

（一）课程内容资源的开发与利用

1. 简化和改造传统的竞技运动教材

传统的运动教材毕竟在一定程度上对当时的体育教育起到过重要作用，因此，我们不能完全否定。但是我们不仅要继承其合理的部分，更要在继承的基础上改造和创新教学内容，结合时代特点，从整体健康角度出发，创造出新的适应学生生理、心理特点的教学内容、要求和方法，使之更好地发挥效能。

2. 发掘有地方特色运动的教材

在课题研究中，可将地方特色运动分成两类：一类是前人已有而现在却被湮没或基本失传的项目，在实践中发掘、整理使之重现的运动。如：滚铁环、打陀螺、拍毽子等；另一类是具有民风、民俗特征的活动内容，如竹竿活动、胶圈活动等，从中筛选出具有典型地方特色并符合学生特点的活动内容进行教学实践研究。

3. 开发来自学生生活的教材

选择和处理教材内容不仅是教师的事情，而且也是学生的事情，学生才是学习的主体，他们的“动”与“不动”是课堂的核心。新课程要求以学生的发展为中心，再次强调了学生的主体地位。因此，从学生生活中开发教材，能真正贴合学生的学习和生活，在教学内容板块中给学生以发挥、畅想的空间。

4. 引进流行时尚运动的教材

时代在不断发展和变化，因此，现代教育也要结合时代特点，不断引进新的教学内容。在新课程教学中，要根据学生年龄和身心的发展特征引入流行时尚的教材，如定向运动、拓展运动、搏击、柔道、街舞、女子防身术等内容，以达到提高学生心理健康水平和社会适应能力的目标。

5. 自编、自创教材

就新课程的教学内容来说，典型的特点就是具有较大的不确切性，这一点对于现代体育教学来说，可以说是有利有弊。虽然不可否定的是它给教师的教学带来了一定的困难，但同时也给了教师广阔的创新空间。在课题研究中，要引导教师从学生身心特点、场地器材、教学实际出发，自编、自创教材，创造性地实践新课程。例如，在实践中进行体育故事、谜语、游戏、小器材的自编、自创等。

（二）课外和校外体育资源的开发与利用

要想实现体育教育的创新和发展，仅仅依靠校内有限的资源是不行的，必须结合课外和校外的体育资源，丰富教学内容。实际上校外体育资源也是十分丰富的，如家庭爬山、打球、亲子活动、社区竞赛、青少年活动中心培训、少体校训练、体育俱乐部、兴趣班活动以及各种节假日的体育活动和竞赛等。

（三）自然地理资源的开发与利用

我国幅员辽阔，地域宽广，地形、地貌千姿百态，季节气候气象万千，蕴藏着丰富的课程资源，应重视开发和利用。如：阳光、空气、水和山（春游、秋游、远足、爬山、散步、定向活动、无线电测向运动、自行车慢骑、游戏、日光浴、游泳、打雪仗、滚雪球、堆雪人等）。

（四）体育信息资源的开发与利用

21 世纪是一个信息化的时代，各种信息资源极大地丰富了人们的生活。因此，在当今世界，为了不断充实和更新课程内容，提升专业素养，要充分利用各种信息资源获取体育信息。体育信息资源的开发和利用包括创设校内广播、黑板报、挂图、比赛、体育小报、体育作文等载体，加强体育校园文化建设。

（五）人力资源的开发与利用

开发和利用校内领导、班主任、体育教师、卫生老师、任课教师、学生以及校外家长、教练、社会体育爱好者的自身优势和体育特长，创设平台，引导他们参与学校体育活动。

三、体育课程资源开发的原则

体育课程资源的开发需要遵循一定的原则，这里我们列举了三种主要原则，具体内容如下。

（一）兴趣性原则

兴趣是学生学习的最好老师，同时也是他们学习的初始动机，是有效学习的保证，学生的兴趣直接影响着学生的学习行为和效果。如果学生对一门课程没有兴趣，那么无论教师教得多好，学生也学不进去，难以获得良好的学习效果。因此，对于体育与健康新课程来说，“激发和保持学生的运动兴趣”是其重要的理念之一。

学生对什么样的事物感兴趣会受到年龄、性别、心理、生理等多方面因素的影响。就拿体育学习来说，对同样一种体育课程资源，不同阶段的学生的喜好和利用程度也不一样。所以，盲目地迎合学生的兴趣并不能促进体育教学的良好发展，在开发和利用资源的时候，要对学生的年龄、省力、心理、爱好、接受能力等进行全方位考量。

（二）发展性原则

所谓发展性原则，就是说要促使学生在不断地学习过程中实现能力的积累和提高。所以，在开发和利用教学资源的时候，要考虑到学生的学习、生活以及未来的工作等实践，从而促进其身体活动能力、运动技能以及实践能力的提高。

（三）健康性原则

在当前社会中，人们越来越重视身体健康，我们可以看到，无论哪个年龄阶段，越来越多的人逐渐加入体育运动的行列当中。对于学校体育课程来说，“健康第一”是新课标下体育与健康课程的重要指导思想。整个课程的设计是根据身体、心理、社会适应的整体健康观来进行的，健康性是课程的主线。因此，在开发与利用体育课程资源时，既要充分考虑开发与利用的课程资源对学生身体健康的作用，还要思考资源对学生心理健康、社会适应的作用。同时，安全问题也是开发与利用体育资源必须认真考虑的内容。

四、体育课程资源开发的作用

体育课程资源的开发和利用，对于促进学生发展和提高老师素质水平及促进体育课程目标的实现都具有很好的作用，具体如下。

（一）促进学生的发展

学生在教育教学过程中是重要的主体，教育教学的最终目标也是希望促进学生的全面发展。因此，在进行体育课程资源开发的时候，应该将促进学生的成长与发展作为核心思想，不断拓宽资源开发的方向，提高资源利用率。体育课程资源开发在促进学生发展方面具有以下作用。

（1）体育课程资源的不断丰富和发展，可以有效提高学生的学习积极性，从而加强他们的实践能力和创新能力，充分发挥他们在学习过程中的主体地位，从而加快现行体育课堂教学的改革。

（2）体育课程资源的多元化可以使学生的学习和创造过程更加有趣和丰富，学生可以在更具开放性和共享性的环境下锻炼自己的创造能力。与此同时，在这个过程中，教师和学生的互动也更多了，他们在合作、互协的过程中发展民主、平等的意识和观念。教师与学生也不再是传统的主客或主动与被动的关系，教学过程也不再采用教师灌输，学生吸收的模式，教师与学生在更加平等、更加有趣的教学过程中不断提高和发展自身的能力。

（二）促进体育教师素质的提高

体育课程资源的开发和利用对体育教师的教学视野、教学水平起到了极大的促进、推动，甚至是挑战的作用。体育课程资源的开发和利用在很大程度上引入学生需要、学生实践等内容，可以最大限度地满足青少年的多方面需求，促进青少年人格、个性、身体、心理、社会适应的健康完善。这也必将使体育教师在教学中的指导性地位更加突出，从而要求体育教师必须不断进行学习。体育教师不仅要学习体育与健康课程理念，领会新课标精神，还要能在教学工作实践新课标；不仅要掌握主动技能，还要钻研针对运动技能采用何种教学技能；不仅要了解多种运动项目的性质特点，还要能创造性改编、创造运动方法。通过这一系列的学习和实践，体育教师的素质必然会不断提高。

（三）促进体育课程目标的实现

体育课程已经有了很长的历史，如果后世一味地继承传统而不加以改革和创新，那么体育课程教育将永无新意，也难以适应时代的发展。因此，为了打破传统单一的课程观念，对体育课程资源进行开发和利用是体育课程发展的一项重要工作。开发和利用体育课程资源的重要作用可以体现在七个方面，具体如图 3-5-3 所示。

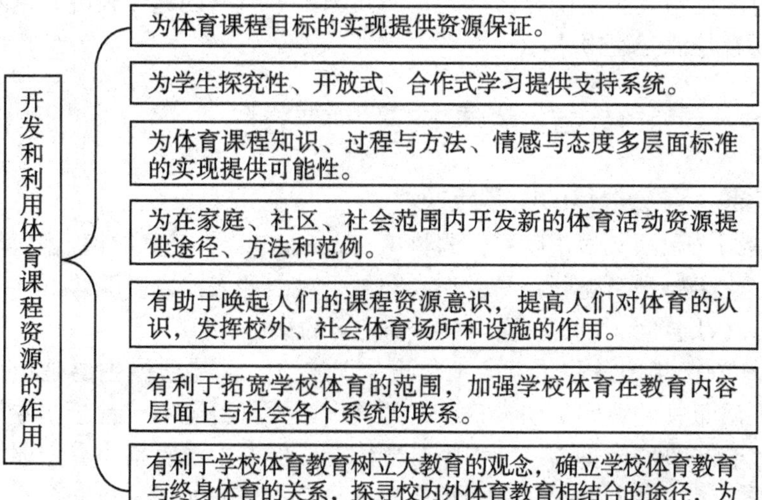

图 3-5-3　开发和利用体育课程资源的作用

第四章　特殊体育课程与体质弱势群体教学

本章简要介绍特殊教育的概念及相关规定、主要的特殊教育及研究机构、中国残疾人主要社团组织，以及特殊体育教育、体育保健与康复教育的开展情况；着重分析和构建了以体质弱势群体（学生）为体育教学对象的特殊体育课程的理论框架。

第一节　弱势群体综述

弱势群体和劣势群体是当今经济社会发展广泛关注的热点问题，同时更是社会学界学术研究颇具争论的话题之一。在欧美国家，对弱势群体和劣势群体的定义是有明显区别的，而我国由于研究的起步较晚，基本上在较多场合是混合使用的。

一、弱势群体与劣势群体的区别与联系

（一）弱势群体的概念与外延

从词义和语义学角度看，弱势（vulnerable）是内涵和外延相对简单的词汇，它主要是指脆弱、易受伤害和易受攻击的人或事。弱势群体主要是指那些在社会生活中比较脆弱和易受伤害的社群。

从2002年国务院《政府工作报告》来看，弱势群体主要是指没有就业或无法正常就业的贫困人口。按照《中国大百科全书·社会学卷》的定义，社会弱势群体是指“特殊困难群体”，但书中没有指出界定弱势群体的标准。《中国人民大学中国社会发展研究报告，2002》将弱势群体定义为：依靠自身的力量或能力无法维持个人及其家庭成员最基本的生活标准，需要国家和社会给予支持和帮助的社会群体。

（二）劣势群体的概念与外延

劣势（disadvantaged）是一个内涵和外延丰富的词汇，在欧美国家社会政策文献中具有特定的含义。劣势群体主要是指那些在社会生活和就业中长期处于不利社会状况的社群。而这种不利社会状况是相对于社会认可的正常生活状况而言的，其参照系是普通民众及其一般生活状况。一般来说，欧美国家已经形成的学术传统是，弱势群体的概念可以包含劣势群体的含义，但是劣势群体的概念通常不包含弱势群体的含义。

（三）弱势群体与劣势群体的比较

从我国政府和学术界对弱势群体和相关概念的使用与界定的现实情况来看，虽然没有明确的、统一的界定标准，但基本上都涵盖了西方国家社会学界所指的弱势群体和劣势群体两类不同群体属性的范畴。

从产生弱势群体和劣势群体的社会背景与社会环境来看，弱势群体主要是在正常化的社会环境下产生的现象，而劣势群体则通常是在社会经济结构转型、社会变迁和不同文化交流过程中产生的。其主要区别与联系见表 4–1–1。

表 4–1–1　弱势群体与劣势群体状况比较

比较的基本层面	弱势与弱势群体	劣势与劣势群体
产生背景与环境	一般性社会状况	社会经济转型和社会结构分化
成员构成与数量	特定群体和数量有限、固定	“一般群体”和数量巨大、变动
成因和决定因素	个人特质和身体健康状况	文化因素和社会结构力量
界定角度和标准	缺乏和丧失劳动能力	不利生活状况和主流社会标准
服务理念和性质	社会救济和补救治疗	恢复社会功能、社会整合和增权
服务内容和手法	福利服务和个案工作方法	就业服务和福利与市场整合方法
社会后果与影响	绝对贫穷和物质匮乏	社会不平等、社会排挤和社会冲突

二、弱势群体的分类

社会研究工作者对弱势群体的分类尚未形成统一的划分标准，他们分别根据不同的研究目的与任务，提出了不同的分类方法（图 4–1–1）。

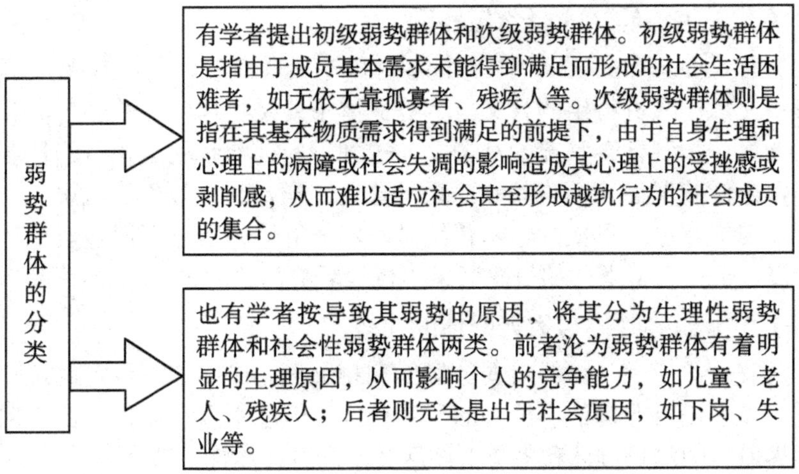

图 4–1–1　弱势群体的分类

当前关于弱势群体的分类尚处在初级阶段，即分类标准的标准化程度不高，还较多停留在人群属性的描述与划分上，如关于贫困线的设定是个复杂的问题，在我国，不同地区的划分标准与水平差异较大。当然，我们也应当看到，关于弱势群体的划分是一个十分复杂的工作，因此，关于弱势群体划分标准的问题还有待于进一步的研究和发展。

三、弱势群体的发展趋势

据国内有关资料显示，我国弱势群体人口大约在 2.3 亿，占全国总人口的 17%之多。其中老年人口 1.32 亿，超过总人口 10%；各类残疾人口 6000 多万，约占总人口的 5%；城镇下岗、失业、无业人员等 1600 多万，约占总人口的 1.3%；没有解决温饱的绝对贫困人口有 3000 多万，约占总人口的 2.5%；孤儿、弃婴和父母无力抚养的儿童近 6 万人。在社会竞争与发展中，下列问题日益突显，其中涉及的群体通常处于不利地位，因此也应当纳入弱势群体予以关注。

（一）人口老龄化日益成为世界各国社会发展的社会问题

1. 我国老年人口现状

2005 年年末全国总人口为 130 756 万人，其中 65 岁以上老年人高达 10 055 万，约占人口总数的 7.7%。根据国际标准，65 岁以上老年人口比重达 7%时即进入老龄社会，则中国已经进入老龄社会。据预测，到 2020 年，中国 65 岁老年人口将达 1.64 亿，占总人口比重的 16.1%，80 岁以上老人达 2200 万。中国老龄化呈现速度快、规模大、“未富先老”等特点，对未来社会抚养比、储蓄率、消费结构及社会保障等产生重大影响。

2. 国外老年人口现状与“国际老年人日”的建立

人口老龄化已经成为社会发展的国际化问题。第二次世界大战后，新生儿数量明显减少，人均寿命也从1950年的20岁上升到目前的66岁。当前，在全世界190多个国家和地区中，有60多个国家和地区已进入“老年型”。据估算，今后50年间，老年人数大概会从6亿人增加到将近20亿人。

2017年，每10个人中就有一个花甲老人。到2025年，全世界的老年人口将达到11.21亿。到2050年，60岁以上的老龄人口总数将近20亿，占总人口的21%，并将超过14岁以下儿童人口的总数。百岁老人将从2002年的约21万增长到320万。

到2050年，非洲老龄人口将从4200万上升到2.05亿；亚洲从3.38亿增加到12.27亿；欧洲从1.48亿增加到2.21亿；美洲从9600万增加到3亿。目前全球人口老龄化最严重的国家是意大利，占其总人口的25%。到2150年，占世界人口1/3的人群预计会步入花甲之年。1990年第45届联合国大会通过决议，从1991年开始，把每年10月1日定为“国际老年人日”。

人口老龄化问题不仅给国家和地区的社会保障和福利工作带来巨大压力，同时也可诱发许多其他社会问题，因此，必须及早研究对策。

（二）青少年儿童身心健康日益成为社会和谐发展所关注的热点问题

1. 青少年儿童的定义

青少年（adolescent）的原意是指要成长为成熟的成年人或是接近于成熟的意思（王顺民，1999），它是介于儿童期（childhood）和成年期（adulthood）的发育阶段。在我国相关文献中，“青年”和“青少年”经常交互使用，而且并不统一。中国共产主义青年团章程把青年的年龄定为14～28岁；1992年出版的《中国青少年发展状况报告》将“少年”的年龄定为6～12岁，“青年”定为15～35岁；少年先锋队的年龄规定是7～14岁。最高人民法院关于青少年犯罪的年龄界定是指年龄在25周岁以内的当事人。

根据人的生理发育和心理成熟度等特点，并结合当前我国教育入学制度、国家事业单位退休制度等方面的规定，我们可以把人从出生到自然死亡划分为相对独立的9个阶段：婴儿期（0～2岁）、幼儿期（3～5岁）、儿童期（6～11岁）、少年期（12～17岁）、青年期（18～25岁）、壮年期（26～50岁）、更年期（45～50岁）、中老年期（51～59岁）、老年期（60以上）。更年期是人的自然发育与生长过程的特殊阶段，该阶段所持续的时间不长，且个体及性别差异较大；由于男女之间存在明显的生理性差异，以及承担社会角色的特殊性，女性的更年期通常较男性提前，且持续的时间长。本文所指的青少年儿童是一个更加宽泛的概念，指 0 ~ 25 岁的所有人群。

2. 青少年儿童基数庞大

2014 年第五次全国人口普查结果显示，全国 0 ~ 17 岁儿童的总人口为 34 533.5 万人，占全国总人口的 27.79%。

根据 2014 年人口调查资料报道，年末全国总人口为 130 756 万人，其中，0 ~ 14 岁人口为 26 504 万人，占总人口的 20.3%。

在我国计划生育政策的指导下，社会步入了低出生率、低死亡率和人口慢增长阶段。在短时期内，以独生子女为主要特征的青少年群体将以其庞大的数量占据社会总人口的近 1 / 3 而成为社会发展的重要后备力量，因此，人口质量的好坏、综合素质的高低将严重影响着国家的未来。

3. 青少年儿童的体质健康状况令人担忧

2014 年全国学生体质与健康调研是自 1985 年以来由教育部、国家体育总局、卫生部、国家民族事务委员会、科学技术部共同组织的第 5 次全国多民族大规模的学生体质与健康调研。本次调研覆盖 31 个省、自治区、直辖市，25 个民族（汉族学生 6 ~ 22 岁，少数民族学生 7 ~ 18 岁），1320 余所学校，调研人数为 383 216 人，检测项目涵盖身体形态、生理机能、身体素质、健康状况四个方面的 24 项指标。因此，本次学生体质调研具有广泛的代表性和极高的权威性。调研结果表明，我国学生的身体状况总体是好的，但仍然存在不少不容忽视的问题。

教育部、国家体育总局联合出台了《关于进一步加强学校体育工作，切实提高学生健康素质的意见》（以下简称《意见》）。《意见》要求：第一，学校教育要树立健康第一的指导思想；第二，切实贯彻落实国家对学校体育工作的要求；第三，完善学校体育的保障机制；第四，完善学生体质健康和学校体育的评价制度；第五，采取有力措施加强学校体育的督导检查和服务支持。

教育部、国家体育总局、共青团中央共同决定，从 2007 年开始，结合《国家学生体质健康标准》的全面实施，在全国各级各类学校中广泛、深入地开展“全国亿万学生阳光体育运动”。社会发展的历史表明，我国青少年儿童基数在不断壮大，而体质健康状况存在明显隐患，对于国家昌盛、民族振兴构成巨大威胁。因此，必须加大重视对青少年儿童包括教育、身心发展等在内的深入研究，从教育学、社会学、经济学、政治学等多学科的角度进行综合研究，并且切实贯彻健康第一的教育思想。

第二节　特殊教育与特殊体育教育

《中华人民共和国残疾人保障法》（国家主席令第36号，自1991年5月15日起施行）规定[①]，特殊教育是我国教育体系的重要组成部分，在体现社会发展与人文关怀，以及构建和谐社会中具有特别重要的意义。

一、特殊教育的概念及相关规定

1994年8月23日，国务院发布第161号令《残疾人教育条例》（以下简称《条例》）[②]。国务院教育行政部门主管全国的残疾人教育工作。残疾人教育包括学前教育、义务教育、职业教育、普通高级中等以上教育及成人教育。普通高级中等学校、高等院校、成人教育机构必须招收符合国家规定录取标准的残疾考生入学，不得因其残疾而拒绝招收。

1998年12月2日，国务院颁布第161号令《特殊教育学校暂行规定》，其中第二条规定：特殊教育学校是指由政府、企业事业组织、社会团体、其他社会组织及公民个人依法举办的专门对残疾儿童、少年实施义务教育的机构。可见我国特殊教育学校开展的特殊教育对象主要是残疾儿童和残疾少年。

二、主要的特殊教育及研究机构

《条例》所指残疾人教育包括学前教育、义务教育、职业教育、普通高级中等以上教育及成人教育。

（一）残疾人职业教育与培训

现在开展残疾人职业教育与培训的机构主要有四类：一是教育、劳动、民政、卫生等部门举办的普通职业教育与培训机构；二是部分特殊教育学校在完成九年义务教育后，开设了中等职业教育课程；三是各级残联建立的残疾人职业教育与培训机构；四是社会力量开办的机构。

---

① 残疾人是指在心理、生理、人体结构上，某种组织、功能丧失或者不正常，全部或者部分丧失以正常方式从事某种活动能力的人。残疾人包括视力残疾、听力残疾、言语残疾、肢体残疾、智力残疾、精神残疾、多重残疾和其他残疾的人。残疾标准由国务院规定。

② 《条例》中第三条规定：残疾人教育是国家教育事业的组成部分。发展残疾人教育事业，实行普及与提高相结合、以普及为重点的方针，着重发展义务教育和职业教育，积极开展学前教育，逐步发展高级中等以上教育。残疾人教育应当根据残疾人的残疾类别和接受能力，采取普通教育方式或者特殊教育方式，充分发挥普通教育机构在实施残疾人教育中的作用。

（二）特殊高等院校

据不完全统计，目前全国专门招收残疾学生的特殊高等院校已有10所，它们是：山东滨州医学院、长春大学特教学院、天津理工大学聋人学院和北京联合大学特教学院四所本科院校，以及南京特殊教育职业技术学院、中州大学特教学院、重庆师范大学特教学院、西安美术学院特教学院、长沙特殊教育职业学院、中央广播电视大学残疾人教育学院六所专科院校。

（三）《中国特殊教育》杂志

《中国特殊教育》杂志由中华人民共和国教育部主管，中央教育科学研究所主办，中央教科所特殊教育研究室主编。它的创办填补了我国特殊教育领域无学术性刊物的空白，目前是国内特殊教育的核心期刊、全国哲社类核心期刊、全国中文类核心期刊，对全国特殊教育研究的发展起到了导向的作用，同时也促进了与国际特殊教育之间的学术交流。

三、中国残疾人主要社团组织

中国残疾人联合会[①]是经国务院批准和国家法律确认的将残疾人自身代表组织、社会福利团体和事业管理机构融为一体的残疾人事业团体，简称“中国残联”。它具有“代表、服务、管理”职能：代表残疾人共同利益；维护残疾人合法权益；开展各项业务和活动，直接为残疾人服务；承担政府委托的部分行政职能，发展和管理残疾人事业。中国残联由国务院领导同志联系，业务上接受国务院有关部门对口指导，在国家计划中单列户头，与各省、自治区、直辖市建立业务关系。

四、特殊体育教育

根据教育部的数据，截至2007年5月，全国具有普通高等学历教育招生资格的高等学校有2186所，其中单科体育学院（大学）14所，高等特殊体育院校尚属空白。近年来，我国高等体育院校开始进行特殊教育专业（体育方向）本科层次人才培养的尝试，如山东体育学院（2003年）、西安体育学院（2004年）、广州体育学院（2006年）。因此，面向残疾人开展体育教育，以及进行残疾人体育教育高层次专门人才的培养任重而道远。

---

① 中国残疾人联合会下设5个专业协会：盲人协会、残肢人协会、聋人学会、智力残疾人及亲友协会、精神残疾人及亲友协会。除了以上残疾人社会团体组织以外，还有残疾人的体育社会团体组织。

第三节 体育保健与康复教育

除了特殊教育以外，在各级、各类普通教育学校也开设了针对各类残疾人群特点的体育学习课程或内容，并纳入了我国相关的教育法律、法规范围[①]。

《全国普通高等学校体育课程教学指导纲要》（教体艺［2002］13号）第十条规定："对部分身体异常和病、残、弱及个别高龄等特殊群体的学生，开设以康复、保健为主的体育课程。"

依据以上教育法律、法规之规定，各级、各类学校根据本校实际情况，主要针对各类残疾学生所开展的以身体保健与康复为主要目的的体育教育，即称为体育保健与康复教育，其课程通常被称为体育保健课程。

一、普通高校中的体育保健课程

体育保健课程是高校公共体育课程不可缺少的组成部分，在体育课程教学实践中发挥着重要作用。但相对于公共普通体育课程而言，体育保健课程主要存在以下问题。

（一）教学对象单一

目前，我国普通高等院校公共体育保健课程的教学对象主要是各类残疾学生及经医生诊断为不适宜参加剧烈体育活动的学生。根据当前我国相关法规及高考规定，每年招收录取到大学就读的可以自理并能进行正常学习的各类残疾学生约占当年招收人数的1%。根据国家近年来的学生体质健康监测结果，各类残疾学生增加不明显，但因身患各种慢性疾病而不能参加剧烈甚至一般运动强度的体育运动的学生数却增加快速。初步估计，二者加起来超过20%。

然而，除了身患残疾的学生外，其他学生一般不愿意参加体育保健班的学习，他们宁可和其他普通学生一起参加体育锻炼，也不愿意和残疾人一起上体育课。而这类特殊学生大批量地加入到一般普通体育课程的学习

① 《中华人民共和国义务教育法》（2006年修订版）第十九条规定："县级以上地方人民政府根据需要设置相应的实施特殊教育的学校（班），对视力残疾、听力语言残疾和智力残疾的适龄儿童、少年实施义务教育。特殊教育学校（班）应当具备适应残疾儿童及残疾少年学习、康复、生活特点的场所和设施。普通学校应当接收具有接受普通教育能力的适龄残疾儿童、少年随班就读，并为其学习、康复提供帮助。"

后，将会大大增加教师的教学负担，进而影响教学质量和正常教学目标的实现。该问题的日益突显已经引起了体育教育界的广泛关注。

（二）教学目标形同虚设

教学目标受教学对象认知水平的制约，体育教学目标的制订除了受教学对象一般认知水平的制约外，还广泛受到体质健康状况及运动认知水平的制约。针对体育保健班学生体质健康状况的特殊性，其教学目标存在较大的弹性，使教学对象达到认识体育锻炼的健身价值，掌握 1 ~ 2 种适合自己健身锻炼或保健与康复的运动项目或练习方法，并逐步养成自觉参加体育健身锻炼的习惯的目的。在实际的体育保健课程教学中，教学目标是模糊的，教学满足于形式的思想严重。

（三）教学内容随意性大

当前，各高校在选择体育保健课程教学内容方面存在较大的随意性，不少高校基本上没有相应的课程大纲，或者有大纲，但执行随便；教学内容简单、随便，主要是太极拳（剑）、乒乓球、健身操等；教学不重视效果，“重在参与”。

（四）教学管理不够规范

体育保健课程一般不编入学期课程表，基本上是由任课教师来安排，上课时段、学时存在较大的随意性。学生课程考核基本上没有标准，只要是出勤率高，课程分数就高。有的高校规定，参加体育保健班学习的学生，其体育课程考试成绩最高不能超过 70 分。

（五）师资队伍严重短缺

师资短缺是当前我国教育领域面临的一项重大问题，同时也是我国高校体育保健课程教学质量所遇到的一个重大问题。据抽样调查显示，为了弥补这一空缺，全国各大高校都开设了有关高校体育保健的课程，为一些有这方面需求的学生进行授课。

由于体育保健课程的性质和特点，教学要求不高，但同样计算教学工作量和酬金，因此几乎所有的高校都不会挑选业务素质高的教师去担当体育保健课程的教师，而基本上是首选年纪较大的甚至是体弱的教师为学生授课，体现出浓厚的“照顾”性色彩。

从另一个角度来讲，全国范围内缺乏一定的体育保健课程专业人才培养也是造成这种局面的重要原因。随着社会的不断发展和进步，社会对现代化的新型人才提出了全新的要求，这在一定程度上也对教师的素质提出了更高的要求，要想教出一批高素质的、符合现代化建设需要的人才，教师自身必须要具备比较丰富的教学经验以及对于运动医学、体育保健、残疾人教学等领域知识的全面掌握，加之爱岗敬业的精神和对学生足够的耐心，只有这样才有可能为社会培养出优秀的人才，才有可能提高体育保健课程的教学成绩，学生在这个过程中也能够得到比较有价值的内容。

二、体育保健课程的改革与发展

在总结了体育保健课程的教学发展历程之后，我们可以很清晰地发现，有些地区的师资力量相对比较薄弱，特别是能力比较突出的教师，更是少之又少，这也是我国教学改革与发展的重要因素之一。体质弱势群体人群的数量正在逐渐增加，这对于身体残疾人士以及残障病患的教学工作是一个巨大的挑战，基于这一点考虑，进行体育保健课程改革的必要性就变得更加充足。

（一）加强专门师资培养是关键

根据当前我国教育改革与发展的趋势，切实树立“健康第一”的教育思想，坚持“以人为本”的教育理念，认真思考当前我国青少年学生体质健康状况主要指标持续下降的新情况，积极探索培养对应的体育教育专门人才的新途径具有现实意义。

（二）科学构建教学目标是核心

面向全体学生，科学制订体育课程（包括体育保健课程）教学的目标体系，并形成由低级到高级、由简单到复杂的层次；努力创造一个体育课程教学目标“最近发展区”及其系列，真正使每一个学生都有学习的动力，同时也有一定的压力。在此基础上，指导设计体育课程（包括体育保健课程）教学内容，开发课程资源，全面提高教学效果。

第四节　体质弱势群体特殊体育课程的理论框架

大量体质弱势学生的出现给当前普通公共体育课程的教学带来了巨大的挑战，积极开展专项研究，化解课程压力，同时有效地提高课程质量是当务之急。

一、特殊体育课程的建立

由于教学对象被扩大了，原来体育保健课程关于课程性质的描述已不能适应新的要求，课程名称也有调整的必要。我们认为采用“特殊体育课程”替代原来的“体育保健课程”比较科学。原因如下。

（1）从一定程度上讲，特殊体育属于特殊教育的范畴，在特殊体育的概念理解上，不同的人群不会有特别大的意见分歧。

（2）体质弱势群体概念的提出，从另一个角度丰富和发展了特殊体育的内涵和外延，这就使得之前相对狭窄的体育保健课程所研究的领域全面涵盖在新的概念之中。

（3）《体育保健学》是《全国普通高等学校体育教育本科专业课程方案》（教体艺［2003］7号）中的一门专业主干课程，采用特殊体育课程可以避免概念上的混淆。

（4）如果采用“体质弱势群体课程”作为课程名称，内容过于冗长。

二、特殊体育课程的理论框架

根据当前学生体质健康状况及发育特点，面对学生中的体质弱势群体而开展的特殊体育课程教学的理论（内容）框架包括以下五个部分。

（一）特殊体育教学的目标

特殊体育课程总的目标是使学生了解特殊体育的基本知识，掌握两种以上适合自身特点的有效的练习方法与手段，树立科学的健身观。针对不同的类别，提出具体的特殊任务和要求。

（二）特殊体育教学的原则

特殊体育教学原则在遵守一般教学原则（和体育教学原则）的同时，还应当充分考虑到体质弱势群体学生的特殊性，尊重人格，恰当用语，努力创造一个和谐的学习氛围。

（三）特殊体育教学的方法

特殊体育教学方法的选择应当针对体质弱势群体学生的特点，以简便、规范、有效为基本标准，并充分考虑到学生的可接受性和主观愿望。

（四）特殊体育教学的内容

虽然现在特殊体育教学的内容已经比较完善了，但是我们还是需要全面依据特殊体育课程的目标体系，适当添加一些残疾人运动的项目，并且在该项目中适时添加一些关于医疗体育和保健康复的手段，使之能够适合特殊体育课程教学的需要。

（五）特殊体育教学的评价

课程评价是真正检验教学效果的重要手段，同时也是检验课程计划得以成功实施的重要标准，教学评价的好坏将直接关系到学生毕业证书以及学位证书。所以，能够从各个角度出发，综合性地对学生进行客观、科学的评价，是一件比较有难度的事情。特殊体育课程在进行评价的时候所需解决的问题比较复杂，应该根据课程目标的多样性确定课程考核的标准。

第五节　民族地区大学生体质弱势群体教学

一、民族地区高校大学生成为弱势群体的原因分析

民族地区高校大学生成为弱势群体，其原因显然是复杂的。但根据哲学的辩证方法进行简单概括，无非两个方面：其一，客观方面的原因；其二，主观方面的原因。两方面的原因相互作用，共同催生了本问题（图 4–5–1）。

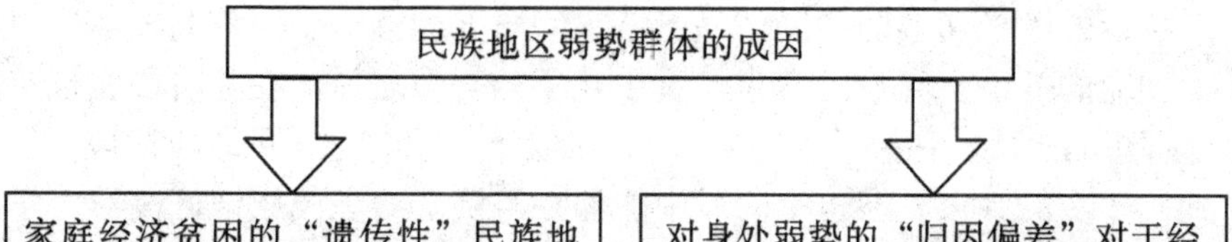

图 4–5–1　民族地区弱势群体的成因

二、民族地区高校大学生弱势群体的教学

（一）全社会的真诚关注和切实帮扶

1. 正视问题的存在

民族地区高校大学生作为中国知识青年的“特殊一群”，他们具有巨大的能量，这种能量既可以是一种为民族地区经济社会发展带来强大促进作用的正能量，也可以成为一种为民族地区经济社会发展带来强大破坏作用的负能量。到底会是强大的正能量还是强大的负能量，从很大程度上说，就看我们今天对于民族地区高校教育的重视程度和投入力度。

基于这一点考虑，对于当下民族地区高校大学生的“体质弱势”问题，我们不能够置之不理，更加不能忽略它的存在，如果相关部门和领导对这个问题不加以重视，那么，这种现象绝对属于战略性的错误，也是教育部门不允许出现的情况。进行民族性的教育已然成为一项基本国策，党和国家从来都是把民族教育作为一项基本国策，各个民族地区的政府部门也正在大力开展民族地区的教育和相关人才的培养。

2. 给予切实的帮扶

所谓的给予切实的帮助就是能够在物质上能够给予民族高校学生以物质上相应的补助，高校是学生经过十几年的努力之后，在此阶段实现自己人生理想的阶段，在大学生的生活中，学生将不会像之前的求学阶段一样，受到比较多的约束，在这个阶段中能够在经济上给予民族地区高校大学生一些帮助，是高校自身的责任，而且更是当地政府甚至全社会人民的一种责任。

从另一个角度上来讲，给予一定的心理和精神关怀也是十分有必要的，一些民族地区的弱势群体可能在经济上处于弱势地位，再加上学习以及生活、就业等来自社会、家庭和自身的一些压力，他们心理上可能会出现一些自卑的情绪，所以，无论是在经济上还是在精神上，民族地区大学生弱势群体的问题已然成为阻碍民族地区大学生健康发展的绊脚石。

（二）制度上的保证

首先，要制定出一些合理的人才流动机制，进而放宽人口户籍的限制，争取为民族地区高校大学生创造出一些比较优越的就业环境，通常情况下，一些民族地区的大学生在毕业之后往往会选择一些比较发达的一二线城市，这种现象的出现本身是无可厚非的，但是从现实情况来看，民族地区大学生在一二线城市工作的幸福指数远比东部地区大学生工作的幸福指数低。

到目前为止，民族地区高校大学生能够在城市发展的空间并不是很宽裕，因为在当前竞争环境日益激烈以及相关城市户籍制度的背景下，人才流动与户籍管控之间存在严重的矛盾，这也就使得民族地区高校大学生在就业之后不能直接融入大城市的生活，真正成为城市的公民。这也给当地政府敲响了一个警钟，为了当地经济的发展，同时也为了人才的引进，应该适当放宽户籍政策，给民族地区高校学生提供一些适当的就业机会与户籍优惠政策。

其次，要从法制的角度出发，政府的相关部门要切实抓好自己的本职工作，用相关的法律法规来保证民族地区经济的快速发展，在一定程度上增强民族地区的竞争优势，不仅要保住本地大学生的就业机会，同时还要吸引外来大学生就业。

经济的发展往往能够吸引一批高尖端人才，高尖端人才的到来往往又能够促进当地经济的发展，国家对于经济的干预要以政策和制度的形式加以管控，在必要的时候还要上升到法律的形式，切实帮助民族地区改善基础建设，提高公共服务水平，为民族地区创造出和谐的就业发展环境，为民族地区的经济吸引力增添一份光彩。

（三）加强社会主义核心价值观教育提高民族地区高校大学生的成人修养

大学生现在正在处于人生观和价值观逐渐成熟的阶段，社会也正在处于转型期，这在一定程度上会对大学生的价值观带来很大的冲击，这同时也是当下中国大学生整体文化境界以及精神层面相对弱势的重要原因之一，这种现象对于民族地区的大学生来讲，更是如此。受到社会环境以及物质环境的双重影响，西部民族地区的大学生文化素养，相比于东部发达地区学生来讲，肯定会存在比较大的差距，这是毋庸置疑的。

但在全球化、信息化、市场化的当今时代，民族地区高校绝非可以成为所谓的世外桃源、精神净土。转型期社会物欲膨胀、人心浮躁、精神堕落、自私贪婪等种种弊端在民族地区高校象牙塔里同样难以幸免。

随着社会的不断发展与人们生活水平的不断提高，消费主义与享乐主义的风气正在腐蚀部分民族地区高校学生的人生观和价值观，本应在学校勤奋学习的时间都变成了享乐时间，他们忘记先辈们勤俭节约、乐于奉献的质朴精神，社会上一些贪图享乐的不正风气影响了大学生的健康发展，中华民族的优良传统美德也被部分人抛之脑后，民族地区出现的这些问题，应该引起学校以及当地教育系统的充分重视，只有大学生的人生观和价值观保持在相对规范的道德范围内，才能够真正促进民族地区大学生的健康成长。

第五章　体质弱势群体与体育科学

本章介绍和分析体育科学体系，重点分析和论证构建特殊体育学科、专业的设想；同时，简要分析体质弱势群体与体育专业人才培养、相关法规政策改革以及与体质人类学发展的关系。

第一节　体育科学体系概述

体育科学（sports science）的分类是一个十分复杂的问题，目前还没有一个权威的分类体系。《体育科学词典》认为：体育科学是研究体育现象，揭示体育内部和外部规律的一个系统的学科群。从科学的系统发育来看，可将体育科学分成三大门类（表 5-1-1）。

表 5-1-1　体育科学体系一览表

体育的基础学科	体育的应用学科	体育的技术学科
教育学、社会学、伦理学、史学、心理学、解剖学、生理学、物理学、化学等	运动生理学、运动解剖学、运动生物化学、运动生物力学、体育心理学、体育哲学、体育教育学、体育社会学、体育史学、运动训练学等	田径技术、体操技术、武术技术、游泳技术、球类技术等

也有学者将体育科学分为四类，即体育哲学与社会科学类、体育管理科学类、自然科学类和运动技术学科类。

既然体育科学广泛涉及自然科学、人文科学、社会科学及工程与技术科学领域，因此，我们可将体育科学分成四类（表 5-1-2）。

表 5-1-2　体育科学体系分类一览表

体育自然科学类	体育人文科学类	体育社会科学类	体育工程与技术科学类
运动生物学、运动解剖学、运动生物化学、运动生物力学、运动保健学等	体育哲学、体育史学、体育心理学、体育休闲学等	学校体育学、体育教育学、运动训练与竞赛学、体育社会学、体育经济学等	体育建筑学、体育设施标准、运动技术标准等

第二节　体质弱势群体与体育学科专业建设

随着体质弱势群体研究的不断深入，进一步拓展了体育科学研究的领域，极大地促进了体育学科的研究，同时，也对体育专业的建设与发展产生积极影响。

一、关于学科、专业的概念

关于学科、专业的定义问题，国内尚未见权威的定义，学术界存在着混合使用的现象，即经常会把学科和专业当成一个概念来讲，并有随意扩大或缩小学科、专业的外延的现象。如有时人们会把专业建设理解为学科建设，有的甚至把某一门课程的建设也当成是学科或专业建设，从而扩大了专业、课程的概念外延。

在我国汉语词典中有关于学科、专业的描述。例如，《实用现代汉语规范词典》（吉林大学出版社 2001 年版）关于学科的概念有两种解释：①按照学术的性质而划分的学科门类，如历史学、教育学等；②学校教学的科目，如语文、数学等。关于专业的名词性概念也有两种解释：①高等学校或中等专业学校所分类的学业门类，如专业课 / 专业知识；②产业部门中所分的各业务部门。以上解释只是对学科、专业属性的简单描述或举例，而不是对其下定义，因此，作为概念的学术定义就不够严谨。

笔者尝试对学科、专业分别定义。所谓学科，是指针对某一研究领域的专门知识、技术的总和，同一研究领域的纵深发展形成母学科和若干个子学科，而相似的研究领域又组成学科群，如研究经济规律的经济学、研究教育规律的教育学等。所谓专业，是指与社会行业（职业）分工相对应的、具有专业化要求的专门知识和技能的总和，如与教师职业相对应的师范类专业（体育教育、幼儿教育、英语教育等）。

那么，课程（curriculum）就是指支撑专业人才培养方案中的各个领域的专门知识、技术和环节，如教育部 2003 年颁布了《全国普通高等学校体育教育本科专业课程方案》（教体艺［2003］7 号）（以下简称《本科专业课程方案》），其中规定了六类主干课程领域，共 10 余门课程。

而事实上，学科、专业、课程是三个紧密联系而又有区别的概念。学科强调的是研究领域，重点在研究和探索未知，揭示事物发展的规律性；学科可以是某一专业，也可以不是；学科是专业建设的基础，为专业建设提供知识与技术支撑。专业是在学科范围内，并依托发展成熟的学科知识与技术，结合市场需求而建立的专门人才培养的方案。课程是构建学科、专业大厦的基石。

二、关于体育学科、专业的分类

我国关于体育学科的分类比较混乱，存在很大的随意性，主要表现在各相关文献分类标准不统一，有各自为政的倾向，严重阻碍了体育学科研究和专业建设的健康发展。

（一）国家科技、教育文献关于体育学科的分类

中华人民共和国国家技术监督局于1992年11月1日发布的《学科分类与代码》（GB／T 13745）在国内具有权威性，属于国家政府关于科技领域的法规性文献。《学科分类与代码》将体育学科作为一级学科，下设12个二级学科，体育学科没有设置三级学科。分类详见表5-2-1。

表5-2-1　《学科分类与代码》关于体育学科的分类

代码	分类名称	代码	分类名称
890	体育科学		
890.10	体育史	890.45	运动训练学
890.15	体育理论	890.50	体育教育学
890.20	运动生物力学（含运动解剖等）	890.55	武术理论与方法
890.25	运动生理学	890.60	体育管理学
890.30	运动心理学	890.65	体育经济学
890.35	运动生物化学	890.99	体育科学其他学科
890.40	体育保健学		

1997年，国务院学位委员会和国家教育委员会联合发布了《授予博士、硕士学位和研究生的学科、专业目录》（以下简称《研究生学科、专业目录》），在我国教育界高层次人才培养方面具有权威性，同样属于国家政府关于教育领域的法规性文献。

《研究生学科、专业目录》中授予学位的学科门类有哲学、经济学、法学、教育学、文学、史学、理学、工学、农学、医学、军事学和管理学12个，学科门类下设88个一级学科，一级学科下共设置382种二级学科（学科、专业）。体育学是属于教育学门类下第三个一级学科。《研究生学科、专业目录》关于体育学科的分类见表5-2-2。

表5-2-2　《研究生学科、专业目录》关于体育学科的分类一览表

学科门类名称及代码	一级学科名称及代码	二级学科、专业名称及代码
04教育学	0403体育学	040301体育人文社会学
		040302运动人体科学（可授教育学、理学、医学学位）
		040303体育教育训练学
		040304民族传统体育学

国家教育部于1998年颁布了《普通高等学校本科专业目录》（以下简称《本科生专业目录》），其中的学科门类与国务院学位委员会、原国家教委1997年联合颁布的《授予博士、硕士学位和培养研究生的学科、专业目录》的学科门类相一致（无军事学）。在11个学科门类下设二级类71个，专业249种。《本科生专业目录》关于体育专业的分类见表5-2-3。

表5-2-3　《本科生专业目录》关于体育专业的分类一览表

学科门类名称及代码	二级类名称及代码	专业名称及代码
04教育学	0402体育学	040201体育教育
		040202运动训练
		040203社会体育
		040204运动人体科学
		040205民族传统体育

国家教育部于2004年颁布了《普通高等学校高职高专教育指导性专业目录》（试行）（以下简称《高职高专目录》）。《高职高专目录》与《本科生专业目录》有很大区别，没有可比性。《高职高专目录》关于体育专业的分类见表5-2-4。

表 5-2-4 《高职高专目录》关于体育专业的分类一览表

专业大类及代码	专业小类及代码	专业名称及代码
66 文化教育大类	6603 体育类	660301 竞技体育
		660302 运动训练
		660303 社会体育
		660304 体育保健
		660305 体育服务与管理

全国哲学社会科学规划办公室（National Planning Office of Philosophy and Social Science）全面负责国家社科基金项目的管理工作，定期发布课题申报通知，包括《国家社会科学基金项目申报数据代码表》（以下简称《数据代码表》），申报学科涉及 22 个，体育学名列其中。《数据代码表》关于体育学的分类见表 5-2-5。

表 5-2-5 《数据代码表》关于体育学的分类一览表

一级学科	代码	二级学科	代码
体育学	TY	体育哲学	TYA
		体育理论	TYB
		体育管理学	TYC
		体育社会学	TYD
		体育经济学	TYE
		体育法学	TYF
		学校体育学	TYG
		社会体育学	TYH
		竞技体育学	TYI
		体育史	TYJ
		体育学其他学科	TYK

（二）体育学会关于体育学科的分类

中国体育科学学会（China Sport Science Society，CSSS）在《第八届全国体育科学大会征文通知》中对体育学科的分类做出了说明，将体育学分成体育社会科学等 17 个学科范围。详见表 5-2-6。

表 5-2-6 《第八届全国体育科学大会征文通知》关于论文所属学科范围划分一览表

1. 体育社会科学	10. 体育建筑
2. 运动训练学	11. 体育统计学
3. 运动医学	12. 学校体育
4. 运动心理学	13. 武术
5. 运动生物力学	14. 体育史
6. 体育信息	15. 体育管理学
7. 体质研究	16. 体育产业
8. 体育计算机应用	17. 体育新闻传播
9. 体育仪器器材	

综上所述，当前我国国家教育、科技职能部门及体育学术团体关于体育学科的分类问题存在不统一现象，导致研究者在研究、揭示体育规律，进行学术交流时使用学科、专业概念的随意性具有必然性，这不利于体育学术的国际、国内交流和发展。因此，研究和规范我国体育学科、专业分类体系是当务之急。

专业是以培养某一领域专门人才为己任而设置的，因此，要求规范，严格执行国家现行的研究生、本科生及专科生的专业目录，目录外试办专业应当说明。而学科是以研究为主要任务的，但也应当规范，且不可把课题申报、学术会议征文的领域或范围与学科相混淆。自觉遵守和维护学科、专业名称的规范化和权威性是教育、科技工作者基本的学术修养。

三、体质弱势群体与体育学科、专业建设

体质弱势群体的研究促进了体育学科、专业的发展，因此，适时建立体育新学科、专业是体育科学发展的历史必然。

（一）特殊体育学学科的建立

在 1997 年的《研究生学科、专业目录》中，教育学一级学科下设置了 10 个二级学科、专业，其中有特殊教育学（040109）。因此，可考虑在体育学一级学科下增设特殊体育学（special sport science）（040305）二级学科、专业。经调整后的《研究生学科、专业目录》体育学科、专业分类见表 5-2-7。

表 5-2-7 新《研究生学科、专业目录》体育学科、专业分类一览表

学科门类名称及代码	一级学科名称及代码	二级学科、专业名称及代码
04 教育学	0403 体育学	040301 体育人文社会学
		040302 运动人体科学
		040303 体育教育训练学
		040304 民族传统体育学
		040305 特殊体育学

（二）特殊体育教育专业的建立

同样，在教育部 1998 年颁布的《本科生专业目录》中，教育学二级类下设置了特殊教育（040103）专业。因此，可考虑在体育学二级类下增设特殊体育（040208s）专业。经调整后的《本科生专业目录》体育学科、专业分类见表 5-2-8。

表 5-2-8 新《本科生专业目录》体育学科、专业分类一览表

学科门类名称及代码	二级类名称及代码	专业名称及代码
04 教育学	0402 体育学	040201 体育教育
		040202 运动训练
		040203 社会体育
		040204 运动人体科学
		040205 民族传统体育
		040208s 特殊体育

（三）特殊体育学科、专业的内涵

特殊教育学科、专业主要面向残疾人群开展科学研究和人才培养；而特殊体育学科、专业则不仅仅是面向残疾人群开展体育科学研究及人才培养，而是有更加广泛的研究领域。首先，研究对象进一步拓展，包括残疾人、体弱特形人、身体患有慢性疾病的人以及老人、妇女、儿童等群体，即以体质弱势群体为研究对象；其次，研究领域也进一步扩大，不仅仅是局限在体育教育领域，而是扩大到社会学、体质学等研究领域。因此，特殊体育学科的建立丰富和发展了体育学科本身，同时也与教育学广泛交叉、相互渗透，从而促进了教育学科的发展。

第三节　体质弱势群体与体育专业人才培养

特殊体育学科的建立与发展必然促进特殊体育专业人才培养的实践活动，专业人才的培养涉及人才培养的目标、方向、规格及其相关的课程体系等内容。特殊体育专业（本科）人才培养构想如下所示。

一、学制、学位

学制是学校教育制度的简称，指一个国家各级各类制学校的系统，它规定各级各类学校的性质、任务、入学条件、学习年限以及它们之间的纵向和横向关系。学制四年，授予教育学学士学位。

二、特殊体育专业人才培养目标

本专业培养适应我国社会主义现代化建设实际需要，德、智、体、美全面发展，基础知识扎实，知识面宽，实践能力强，整体素质高，系统掌握特殊体育教育的基本理论、基本知识和基本技能，从事初、中等学校特殊体育教育以及体育管理、体育科研、运动训练、社区体育指导等方面的专门人才。

三、特殊体育专业人才培养规格

（1）政治合格，熟练运用辩证唯物主义的立场、观点和方法观察和分析问题，具有实事求是、理论联系实际、勇于创新的科学精神和良好学风，遵纪守法，具有高尚的道德品质，具有为祖国的体育事业勇于奉献的精神。

（2）系统掌握特殊体育专业的基本理论、基本知识和基本技能，掌握学校体育教育工作的规律，胜任学校体育教学、课外体育活动、课余体育训练与竞赛工作，在全面发展的基础上有所专长。

（3）具有较强的实践能力、自学能力和一定的创造能力，具有基本的体育科学研究能力。

（4）了解体育科学研究的新成果，以及相关的学科基础知识，具有较宽的知识面。

（5）初步掌握一门外语，掌握计算机运用知识与技能。

（6）具有正确的审美观和一定的艺术鉴赏能力。

（7）具有良好的生活习惯和锻炼身体的习惯。

第四节　体质弱势群体与相关法规政策改革

体质弱势学生是体质弱势群体的重要组成部分，是当前学校体育工作所面临的新难题，也是学校体育教学改革新的热点和难点。现行的教育法规及体育法规与政策文件的改革与完善必然要面对体质弱势学生群体的变化。

一、体质弱势学生群体与部分教育法规政策的冲突

体质弱势学生群体的增加给当前正常的学校教育带来了新的难题，也与当前部分教育法规及政策产生了冲突，在较大程度上困扰着学校教育与管理工作的正常运行：以下从学生入学、升学、毕业及其他应当享受的教育权利方面进行简要阐述。

（一）学生入学、升学及毕业考试的不公平问题

国家关于《学校体育工作条例》第九条规定：“体育课是学生毕业、升学考试科目。学生因病、残免修体育课或者免除体育课考试的，必须持医院证明。”教育部关于《初中毕业生升学体育考试工作实施方案》第八条“免考与缓考”规定：“对丧失运动能力的残疾学生和有伤病的学生，各地要制订相应的免考、缓考规定。”

从以上的法律法规文件中，我们不难看出，国家对于体育课程的重视程度已经非常高了，在重视体育课程的同时，对于一些身患疾病的同学，也给予了非常特殊的照顾，从这个层面来讲，全面体现了以人为本的教育理念。凡事都具有两面性，在体现了以人为本的教学理念之后，同时也导致了一些新矛盾的产生。

第一，对于一些身患残疾和疾病的学生来讲，他们拥有一些“特权”，这些特权就是对于免修体育课程学习或考试。众所周知，现在体育课程已经与学生的成绩、毕业甚至学位的获得之间有很大的关联，但是一些特殊群体相当于有了一个“通行证”，并且还是长期持有的，这对于其他同学来讲是非常不公平的。

第二，当这些特殊群体拥有了这张“通行证”之后，在一定程度上就会削减他们参与体育运动锻炼的积极性，因为在一定程度上具有应试教育的氛围下，体质弱势群体的学生认为体育锻炼对于提高他们的学习成绩已

然不具备任何辅助作用，所以，参与体育运动的积极性大大降低。

第三，由于这些学生本身就具有一些残疾和身体不完善的地方，但是长时间不参与体育运动，肥胖、学习压力大等诸多问题开始出现，这也是诚待解决的一个重要问题。

（二）学生在校期间所享受其他教育权利的不公问题

《学生体质健康标准（试行方案）实施办法》第三条规定："学生达到《标准》良好等级以上者，方可评为三好学生、获奖学金（高等学校）；达到优秀者，方可获学分（高等学校或实验新课程标准的学校）。学生毕业时《标准》成绩达到 60 分为及格，准予毕业；《标准》成绩不及格者，高等学校按肄业处理。"

《学生体质健康标准（试行方案）》及《学生体质健康标准（试行方案）实施办法》是《国家体育锻炼标准》的重要组成部分，是学生体质健康的个体评价标准，也是学生毕业的基本条件之一，在学校教育及体育工作中占有重要地位。我国普通大、中、小学校从 2002 年开始陆续推广实施《学生体质健康标准》至今已近 4 年，在学校体育工作中发挥着积极作用，但由此而引发的教育不公问题也越来越突出，正在引起教育及社会各界人士的广泛关注。

在由礼俗社会向法治社会、法理社会发展的时期，最大限度地满足公民基本的包括教育权利在内的各项权利是其基本特征。因此，我们认为，只有重新审视当今体质弱势学生的增加给学校教育带来的新问题，适时调整和修订相关的法规和政策，才有可能减少和化解产生的矛盾，以便更好地适应我国教育改革与发展的新需要。

二、调整和修订部分教育法规与政策的建议

（1）取消《学校体育工作条例》第九条关于"学生因病、残免修体育课或者免除体育课考试"的规定。即各类学生都必须上体育课，而且要达到课程规定的要求。通过适当调整课程目标体系，选择适当的教学内容和手段，采用恰当的课程考核方法，完全能够解决好体质弱势学生的体育教育教学问题。

（2）取消《学生体质健康标准（试行方案）实施办法》第三条关于"学生毕业时《标准》成绩不及格者，高等学校按肄业处理"的规定，但保留第三条中的所有奖励条款。保留第五条关于"因病或残疾学生，可向学校提交免于执行《标准》的申请"的规定。这样可以继续发挥《学生体质健康标准》的激励作用，同时，适当减少了由于执行《标准》而带来的一

些不公平因素。

（3）明确学校体育课程学习和实施《学生体质健康标准（试行方案）》的关系及其地位和作用。体育课程与学校实施人才培养计划中其他学科课程（在高校属于公共必修课程）一样，具有其共同的属性特征，其考试以课程学习效果为主，兼顾平时的出勤、课外活动情况等因素。而后者是贯彻《国家体育锻炼标准》基本国策的重要组成部分，也是贯彻落实《学校体育工作条例》法规文件精神的重要内容，但不是体育课程的内容。因此建议：体育课程是学生毕业、升学考试科目，是为高等院校学生授予学士学位的必要条件；《国家体育锻炼标准》成绩不再作为学生毕业、获得学士学位（高校）的必要条件。

（4）补充和完善现有体育课程方案中关于课程目标规定的内容，体现不同教育对象特点的层次性，即建立更加完善的学校体育课程目标体系，以适应体育教育改革与发展的实际需求：既要体现以人为本，又要讲究科学、合理。

第五节　体质弱势群体与体质人类学的发展

人类学是一门世界性的独立学科，它横跨自然科学和人文社会科学，专门以研究人类自身及其所创造的社会文化的发生、发展和变化规律为重点，来完成时代赋予它的科学使命。体质弱势群体研究的新成果将为人类学及其学科体系提供丰富的研究素材。

一、关于人类学

人类学（anthropology）一词来源于希腊语 Anthropos（人）和 Logos（科学），意思是关于人的科学。最先使用这个名称的是亚里士多德（Aristotle，公元前 384 ~ 前 322）。当时，他主要研究人的精神实质。早期的人类学著作主要是研究人体的解剖结构特征，如玛格努斯·洪德（Magnus Hundlt）撰写的《人类学——关于人的优点、本质、特征和人体的成分、部位及要素》（1501 年刊印于莱比锡）。

人类学一词在西方文献中具有双重含义：一方面是关于人类体质的科学，另一方面是关于人类精神的科学。一般认为，人类学是从生物和文化两个角度研究人在时间与空间方面的差异，其研究范围包括人类的起源与发展、人类所创造的物质和文化的起源与发展的规律性，并应用人类学的理论与方法来研究和解决现代社会问题。

人类学分类是个十分复杂的问题，并且，随着现代科技的发展，又出现了众多人类学分支学科。美国学者将人类学分成四类，即社会文化人类学（sociocultural anthropology）、考古人类学（archeological anthropology）、生物人类学（biological anthropology）和语言人类学（linguistic anthropology）。

尽管各国的分类不同，但一般来说，人类学分为体质人类学（physical anthropology）或生物人类学和文化人类学（cultural anthropology）两类。

二、关于体质人类学

1688 年，约翰·斯伯林撰写了《体质人类学》一书，对体质人类学的研究做出了重要贡献。体质人类学作为人类学的一个分支学科，建立于 1871 年，专门研究体质问题。它是以人的骨骼（头型、鼻型、骨架、牙齿）、肤色、发型、零色、血型等为塞本研究对象，来研究人类体质的异同。体质人类学主要研究的两个命题，分别如下。

①人类的产生和进化问题。

②人类生物特征上的差异以及产生这些差异的原因。

三、关于体育人类学

体育人类学（sport anthropology）是体育科学领域中的新兴学科，又是人类学的一个分支。它运用人类学的观点和方法来研究各种体育运动现象，从宏观上研究体育与人类发展的关系，从体质和文化的角度揭示体育对人类进化和发展的影响。体育人类学与社会学（sociology）、生物学（biology）、考古学（archeology）等学科联系密切。

体育人类学的研究范围主要有十个方面，具体如下。

①体育的演变过程。

②体育的社会文化背景。

③体育对社会的影响。

④体育与文化变迁。

⑤体育与社会变化的关系。

⑥体育与人的身心发展和健康的关系。

⑦探讨不同人种、不同民族、不同地域、不同时代体育活动、体育竞赛的特点，体质、体能特点。

⑧体育与人类进化的关系。

⑨研究儿童的体育游戏和动物嬉戏在生物学和社会学上的意义。

⑩人类体育行为的研究。

四、体质弱势群体研究促进体质人类学的发展

体质弱势群体的研究对体质人类学的贡献主要表现在以下两个方面。

（一）丰富和发展了体质人类学关于人的体质分类标准

传统的体质人类学主要是从人种、地域、民族等角度来研究体质的差异性，把研究对象的自然属性作为其研究的逻辑起点；而体质弱势群体概念的提出主要是从生物体质发育及承担社会职责等角度来研究体质的相对强弱，把社会环境和群体社会行为因素对研究对象的干扰而导致的体质差异作为自身研究的逻辑起点。因此，体质弱势群体理论的构建与完善丰富和发展了体质人类学的内涵，进一步拓展了其研究视野，从而构筑和巩固了体质人类学研究与社会学研究之间的桥梁。

（二）拓展了体质人类学关于人的生物特性差异的社会学解释途径

体质弱势群体理论主要从社会学的角度揭示了社会群体体质的差异性，而这种解释同样适合于不同人种、不同地域和不同的民族；相对于早期的体质人类学解释体质差异性是由于人种、地域和民族的不同特征而言，显然是开辟了一条新的解释途径，因此具有重要意义。

第六章　体质弱势群体的体育教学

弱势群体学生在体育教学活动中，相对来说，具有一定的局限性，这就要求教学工作者要考虑周到，也只有这样，才能将弱势群体的体育教学顺利进行下去。本章我们就体质弱势群体的体育教学进行阐述。

第一节　体质弱势群体体育教学目标

一、学校体育工作目标

1990 年 3 月 12 日，经国务院批准，国家教育委员会令第 8 号和国家体育运动委员会令第 11 号联台发布的《学校体育工作条例》（以下简称《条例》）是指导我国学校体育工作的法规性文件，实施十余年来，发挥着重要作用。

《条例》第二条规定："学校体育工作是指普通中小学校、农业中学、职业中学、中等专业学校、普通高等学校的体育课教学、课外体育活动、课余体育训练和体育竞赛。"

《条例》第三条规定："学校体育工作的基本任务是增进学生身心健康，增强学生体质；使学生掌握体育基本知识，培养学生体育运动能力和习惯；提高学生运动技术水平，为国家培养体育后备人才；对学生进行品德教育，增强组织纪律性，培养学生的勇敢、顽强、进取精神。"

《条例》第五条规定："学校体育工作应当面向全体学生。"

通过以上条款，我们可以确定我国学校体育工作的基本目标就是以全体学生为对象，通过体育课教学等多个环节，增进学生的身心健康，最终达到学生全面发展，成为合格人才的目的。

体育课程教学是实现学校体育工作的中心环节和重要基础，课外体育活动、课余运动训练和运动竞赛是体育课程教学的必要延伸和有益补充，是学校体育工作的重要组成部分。学校体育工作是学校教育等各项工作的重要组成部分，特别是对于增强学生体质、促进健康、磨炼意志品质等方面有着不可替代的重要作用。

为了规范体育课程教学，有效地促进学校体育工作健康。《条例》对体育教师，场地、器材、设备和经费，组织机构和管理，奖励与处罚等方面都进行了明确的规定。

二、体质弱势群体体育教学目标

教学对象的认知水平将会直接影响到教学目标的设立，制订体育教学目标不仅受以上制约条件的限制，教学对象的体质状况及运动认知水平同样也会影响体育教学目标。

（一）体质弱势群体体育教学目标的制订背景

改革开放以来，我国教育改革与发展迅猛；但也出现了很多问题，由于自1998年以来教育规模不断扩大，进而产生与教育质量提高的矛盾、教育规模扩大与教育资源相对不足的矛盾以及教育对象体质健康下降与体育教育改革的矛盾等日益激化，向当今教育界敲响了警钟。尤其是，面临青少年体质健康状况持续下降的现实，如何进行学校体育教育教学改革，是摆在我国体育教育工作者们面前的首要大事。

1.教育的社会期望日益高涨，教育规模不断扩大

近些年来，随着社会的不断发展，人们对教育的需求也日益高涨，导致的问题就是不断加大的教育规模，尤其是高等教育规模，堪称世界之最。

（1）义务教育

义务教育（compulsory education）是我国教育的重要组成部分。2006年全国共有小学34.16万所，比上年减少2.46万所：招生1729.36万人，比上年增加57.61万人，增量主要在农村；在校生10711.53万人，比上年减少152.53万人。初中学校数、招生数、在校生数和毕业生数略有减少。全国共有初中学校60885所（其中职业初中335所），比上年减少1601所；招生1929.56万人，比上年减少58.02万人；在校生5957.95万人，比上年减少257万人。

（2）高中阶段教育

全国高中阶段教育（senior high education/high school）发展较快。高中阶段教育（包括普通高中、职业高中、普通中等专业学校、技工学校、成人高中、成人中等专业学校）共有学校31685所，比上年增加153所，招生1619.03万人，比上年增加85.64万人；在校学生4341.86万人，比上年增加310.91万人。

（3）高等教育

高等教育（higher education）稳步发展。2006年，全国共有普通高等学校

和成人高等学校2311所。其中，普通高等学校1867所，比上年增加75所；成人高等学校444所，比上年减少37所。普通高校中本科院校720所，高职（专科）院校1147所。全国共有研究生培养单位767个，其中高等学校450个，科研机构317个。高等教育招生数和在校生规模持续增加。2006年全国给各类高等教育规模超过2500万人，高等教育毛入学率达到22%。

2. 体质弱势学生增加迅猛，挑战传统体育教学

2005年，国家进行了一次全国学生体质与健康调研活动，该活动覆盖全国31个省、自治区、直辖市，涉及25个民族，1320余所学校，383216人，检测项目涵盖身体形态（structure）、生理机能（physiological function）、身体素质（fitness）、健康械发（health condition）四个方面的24项指标，因此调研结果具有较高的权威性。

调查统计表明，学生体质健康存在的主要问题反映在以下几方面。

（1）肺活量（pulmonary capacity）水平继续呈下降趋势。

（2）速度（speed）、爆发力（power）、力量耐力（speed endurance）、耐力素质（endurance）水平进一步下降，不同指标下降幅度呈现不同特点。

（3）肥胖（obese）率不断上升。7 ~ 22岁汉族学生中超重（overweight）与肥胖检出率继续增加，成为影响学生营养（nutrition）健康状况的另一大因素。其中，7 ~ 22岁城市男生，2005年超重和肥胖的检出率分别为13.25%和11.39%，比2000年分别上升了1.4和2.7个百分点。其他年龄组均有类似的趋势。

由此可见，教育规模的扩大，为体育教学工作带来了新的问题。如教学目标的制订、内容选择、教学组织安排、教学评价等一系列问题摆在面前，需要体育教育工作者去研究和解决。

（二）制订体育教学目标的依据

体育教学目标反映体育教学的目的和归宿，体育教学目标制定得越科学，教学目的的实现就越容易。作为体育教育对象的人具有自然属性和社会属性两种性质，体育教育又是以身体练习为基本手段，因此在制订体育教学目标时，除了要考虑一般教育要求的基本认知水平外，还要考虑教育对象的体质健康（physique and health）状况及运动认知（sport cognition）水平，同时还要全面分析相关的社会学因素。

1. 教育学因素

作为制订教学目标时所要考虑的教学因素（educational factions），是指受教育者为了进入高一级水平学习应当达到的最基本的相关基础知识、基本技术与基本能力的总和。教育教学过程是一个由低级到高级、由简单

到复杂不断提高的学习和认知过程，每一个层次或阶段（年级）都规定着应当掌握的基础知识、基本理论和基本技能。也就是说，要想进入高一级层次或阶段学习就要达到相应的标准，并取得积极的学习效果。目前，在甄别学习能力与升学方面，国内外普遍采用的一种方式就是考试。

对于体育教学而言，掌握一定的体育知识和技术，培养一定的体育兴趣和爱好，也是供制订体育教学目标参考的重要的教育学因素。

2. 生物学因素

生物学因素（biological factors）是指自然界一切生命现象的总和。而人的生物学因素，主要是指与学习科学文化知识。掌握专业技术与技能有关的人的解剖生理特点及体质健康状况等。

体育教学（physical education）是以身体练习为基本手段，以增强体质、增进健康为基本目的的教育过程，因此，受教育者的身体发展水平、生理解剖特点以及体质健康状况等生物学要素将直接影响着体育教学目标的制订和教学组织的实施。应该说，体育教学目标制订的首要因素就是受教育对象的生物学因素，这也是体育教学与其他课程的不同之处。

3. 社会学因素

社会学因素实际上就是人们在社会生活中形成和发展出来不同人之间的关系总和。作为与教育紧密联系的社会学因素，主要是指人们对教育的需求与获得。

教育公平（equality in education）是现代社会发展的重要标志之一，是构建社会主义和谐社会的重要目标和内容。因此，制订教学目标就必须反映出一定社会发展时期社会公众的愿望和需求，体现出广大人民群众的根本利益。

二十世纪以来，人类社会需求增长最快的领域之一就是体育需求，体育教育需求是体育需求的重要组成部分和基础，体育教育需求的实现是促进体育教育需求以外的其他体育需求的开发和实现的重要保证。这一方面反映出人类社会发展的进步，但更重要的是如何把这一美好的愿望变成现实，从而促进社会和谐、发展与进步。

教育学因素、生物学因素和社学因素三者之间界限不明显，它们之间互相影响，关系密切。因此，要经过全面考虑包括体育教学目标的科学性和合理性、组织实施的可行性、体育教学目标的实现性以及体育的社会需求，之后才能制订体育教学目标。

（三）制订体质弱势群体体育教学目标的构想

按照体质弱势群体的概念，根据学生的体质状况和素质水平，我们将体质弱势学生大致分成三类：第一类是指身患残疾而不适宜参加常规体育活动的学生；第二类是指身体患有各种慢性疾病（肥胖症除外）及其他疾病（学校禁止的疾病除外）的学生；第三类是指身体偏肥或偏瘦、基本运动素质偏差及其他情形的学生。

以体质弱势群体，主要是学生为主要教学对象的体育课程称为特殊体育课程。特殊体育课程总的目标是使体质弱势学生了解特殊体育的基本知识，掌握两种以上适合自身特点的、有效的练习方法与手段，科学树立健身观。针对不同类别，提出具体的特殊任务。

（1）第一类学生（paralyzed group）：重点是根据残疾特点，学习和掌握有效的练习手段，改善残疾器官或肢体功能，发展健康器官和肢体功能，并注重实效；有特长的学生，可以适当开展残疾人竞技体育项目的学习和锻炼。

（2）第二类学生（diseased group）：重点是围绕疾病和康复，学习和掌握有效的练习手段，并取得明显效果。

（3）第三类学生（weak group）：重点是根据身体偏肥、偏瘦或基本运动素质偏差等具体特点，学习和掌握有效的练习手段，以达到改善形体，发展身体机能，尤其是心血管功能（cardiovascular efficiency），进一步提高基本运动素质，并注重实效。

（四）特殊体育课程教学目标与普通体育课程教学目标的关系

特殊体育课程是体育课程的重要组成部分，是根据体育教育教学的特殊规律与特点，并针对体质弱势群体（学生）而设置的体育课程，因此，它又是学校体育课程的适时发展和重要补充。

特殊体育课程的教学目标是体育课程教学目标的重要组成部分，也是学校体育课程目标体系的发展和重要补充。贯彻实施特殊体育课程教学目标，有利于促进全体学生体育教学目标的实现，使每一个学生的体质健康、体育知识与技能都能得到有效的发展。

第二节　体质弱势群体体育教学内容

一、课程概述

课程是教育学理论研究的重要课题之一。围绕课程问题的专门研究，已经形成了一门独立的学科——课程与教学论：以下从课程发展与建设的各个层面和阶段，介绍几个概念。

（一）课程的概念

关于课程的概念是个较为复杂的问题，一直以来都是教学理论研究工作者们广泛关注的热点之一。研究角度不同，对课程的定义也不同，有时差别是很大的。以下从教育学课程论、学科建设以及专业建设的角度说明课程的概念。

1. 教育学课程论中的课程

“课程”一词是从希腊文演变而来，原意是“跑马道”（racecourse）的意思，引申为学业进程或教学进度。在现代汉语的习惯用法中，“课程”一般是指学校教育教学科目的总称或学生功课的进程。

无论是在现代汉语研究还是英语研究里，关于课程的概念问题一直是争论的焦点，并形成了各家学派和不同的课程观。在我国教育学中，一般认为课程就是有计划的系统的教学内容，是一系列教学科目的集合。具体讲，就是指“教学计划”（teaching program）、“课程大纲”（course program）和“教科书”（textbook）所规定和表述的那些教学内容（李秉德，1999）。

课程论主要研究课程的意义、地位、发展及其编制等有关的理论与方法，一般不研究课程的具体内容，它是指导课程建设的一般理论。

2. 学科建设中的课程

学科（discipline），在我国学术界尚未有统一的、权威的定义，但它又是一个使用频率非常高的概念。当前，人们使用学科概念存在随意现象，如常常会把学科与专业混在一起使用，有时甚至把课程的外延扩大成学科。

笔者认为，学科主要是指关于某一研究领域的知识与技能体系的总称。学科发展的主要任务是科学研究和技术发明，创造新知识，发展新学科，同时培养高层次研究人才。而支撑某一研究领域或方向的知识与技能体系又由若干门课程所组成，即学科课程体系。

国务院学位委员会、原国家教委 1997 年颁布的《授予博士、硕士学位和培养研究生的学科、专业目录》（以下简称《研究生学科、专业目录》）设置的学科门类有哲学、经济学、法学、教育学、文学、历史学、理学、工学、农学、医学、军事学、管理学等 12 个，下设一级学科 88 个，二级学科（学科、专业）381 种。这是目前我国关于学科分类较权威的规范性文献。

根据我国研究生教育的经验和高层次人才培养的特点，构成研究生教育学科的课程体系要求比较严格。一般来说，课程门数比较精简，课程内容要反映本学科发展的最前沿；同时，弹性较大，甚至同一学科（方向）的不同培养单位，其课程体系也差别较大。这是由研究生高级专门人才培养的特殊性所决定的，同时也有利于凝练人才的特色。

3. 专业建设中的课程

与学科相似，关于专业的概念，在我国学术界也没有统一的、权威的定义，但它也是一个使用频率非常高的概念。当前，人们使用专业概念也存在随意现象，如同学科一样，人们常会把学科、专业、课程混在一起使用，随意扩大课程、专业的外延，同时又随意缩小学科、专业的外延。

笔者认为，专业（specialty）是指主要与一定社会发展实践中的社会分工紧密联系，并围绕一定的社会需求而建立的知识与技能体系的总称。专业建设的主要任务是向社会成员传授社会生产与发展的专门知识与技能，培养社会发展的有用人才，创造社会财富。而支撑某一专业（方向）的知识与技能体系又由若干门课程所组成，即专业课程体系。

教育部于1998年修订的《普通高等学校本科专业目录》（以下简称《本科专业目录》）所设置的学科门类与《研究生学科、专业目录》的学科门类相一致：设有哲学、经济学、法学、教育学、文学、历史学、理学、工学、农学、医学、管理学等11个学科门类（无军事学），下设二级类71个，专业249种。这是目前我国关于专业分类较权威的法规性文献。

根据我国高等教育人才培养的特点，构成本科人才培养方案的课程体系要求比较规范。一般来说，课程门数和学时总量有一个控制范围，课程内容要求新颖，力求反映本学科发展的前沿动态，课程设置的弹性相对不大。

显而易见，研究生培养的专业与本科生培养的专业种类划分不一致，但学科门类的划分是一致的。在实践中，我们谈学科通常是指按照国务院学位办颁布的《研究生学科、专业目录》中所设置的学科门类、一级学科、二级学科、三级学科；而专业主要是指教育部1998年修订的《本科专业目录》中所设置的专业。

学科主要是关于某一研究领域的知识体系，而专业则主要与社会发展中的社会分工紧密联系，课程则是支撑学科、专业大厦的基石，且其课程及课程体系是相似的。

（二）课程分类

分类（classification）是人们认识事物属性的有效手段之一，科学的分类有利于认清事物现象的本质。根据研究的目的，科学确定分类的标准，是实现分类的基本前提，也是科学把握事物现象本质的关键。

课程的概念是复杂多样的，其分类也是多样的。根据不同的分类目的和分类标准，其分类体系也不同。以下简单介绍课程的几种分类方法。

1. 根据课程的类型分类

根据人才培养课程的类型，将课程分为必修课程和选修课程两类。

（1）必修课程

必修课程是指在专业人才培养方案中明确规定必须学习并达到课程要求的一类课程。它是反映专业人才特点的知识与技能体系，在专业人才培养过程中处于核心地位。

根据课程的性质，又可将必修课程分为公共必修课程和专业必修课程两类。在高等教育人才培养方案中，必修课程占60%～70%的学时（学分）比例。

（2）选修课程

选修课程是指在专业人才培养方案中明确规定选择学习并达到课程要求的一类课程。它是辅助反映专业人才特点的知识与技能体系，主要是拓展知识面，培养多方面能力，在专业人才培养过程中处于从属地位。

根据课程的性质，又可将选修课程分为公共选修课程和专业选修课程两类。在高等教育人才培养方案中，选修课程占30%～40%的学时（学分）比例。

随着社会经济的发展，高等教育的改革不断深入，体现在专业人才培养方案中，必修课程的比例有相对减少的趋势，而选修课程有相对增加的趋势，以便体现宽口径、厚基础、高素质、强能力的人才培养目标。

2. 根据课程的性质分类

根据人才培养课程的性质，可将课程分为公共课程、专业课程和通识课程三类。

（1）公共课程

公共课程是指某一科类下属的各专业都必须或应当开设的那一类课程。根据我国高等教育的特点和学科体系，科类一般是指文、史、哲类，财经类，理科类，工科类，农、林类，医药类，军事类，体育与艺术类等。它与当前我国关于学科门类的划分有关，但又有所不同。

在我国高等教育体系中，关于公共类课程的设置具有一定的强制性，如外语（英语、日语、俄语）“马克思哲学原理”“邓小平理论”“大学体育”等类课程，几乎是所有专业都必须开设的课程；“大学物理”“高等数学”等是理工科类专业必须开设的公共课程。

公共课程的设计主要是根据我国的教育方针和教育发展的实际，从培养人才的高级层面，围绕大教育观和人才观而综合设计，旨在打好人才知识基础，拓展知识面。

根据课程的类型，又可将公共课程分为公共必修课程和公共选修课程两类。在高等教育人才培养方案中，公共课程大约占30%的学时（学分）比例，并对公共必修课程和公共选修课程两类课程的学分有着明确的规定，否则不能毕业。

（2）专业课程

专业课程是指直接反映和支撑某一专业属性的知识与技能的所有课程的总和。不同的专业，其专业课程不同；同一专业的核心或主干课程（core courses）是一致的，一般每个专业都有10门左右的主干课程。专业课程，尤其是专业主干课程，在专业人才培养过程中处于关键地位。

目前，我国高等院校各专业的专业主干课程是由教育部学科教学指导委员会在教育部的授权下统一审定并发布实施的，具有较高的权威性和行政约束力。

根据课程的类型，又可将专业课程分为专业必修课程和专业选修课程两类。在高等教育人才培养方案中，专业课程占60%～70%的学时（学分）比例。近年来，随着我国高等教育理念的不断更新，专业的专业课程的比例有减少的趋势。

（3）通识课程

通识教育是现代高等教育发展中的热点问题之一，其目的就是要开发宽广的才智、严格思辨的能力，使学生适应社会发展的要求。

通识课程是实施通识教育的基本前提，是人才培养观念的新认识，也是人才培养课程体系的重要组成部分。所谓通识类课程，是指根据教育发展的实际，针对人才的知识与能力结构最一般要求而开设的那一类课程。这类课程通常是关于某一类知识与技能而设计的综合性课程，主要供专业差别较大的学生选择学习。

在高等教育人才培养方案中，通识课程大约占10%的学时（学分）比例，并有明确的规定，否则不能毕业。

从本质上看，通识课程应属于公共类课程，但又有与公共课程不同的地方。它的主要特性是属于通识性的，其主要作用是开拓学生的知识与能力视野；从培养目标上看，其重在知晓，不强调掌握。有的学校把通识课程放在公共选修类课程中供学生选择学习。关于对通识类课程的设置，目前尚在研究，还有待于发展和完善。

3. 根据课程发展的成熟度分类

根据人才培养课程建设与发展的成熟度，由低级到高级，可将课程分为合格课程、重点课程、优秀课程和精品课程四类。该分类的目的不是用于区别课程的类型或性质，而主要是用于排列同类课程在建设发展过程中的能级或序列，简单地说，就是优与劣的比较，是相对的优秀、良好、中等、合格的排序。

（1）合格课程

合格课程是指课程建设达到了人才培养的基本要求的课程，主要包括教学队伍、教学内容、教学条件、教学方法与手段、教学效果等五个方面均达到了相应专业教学的基本要求与水平。达到这一水平的要求相对不会很高，一般来说，从课程设置并实施课程教学开始，3 ~ 4 年就可以达到合格要求。

从教育发展的基本规律来看，合格课程的认定与建设是专业建设与发展的基本内容和重要前提，是实施合格人才培养的关键，在教学评估中占有重要地位。

（2）重点课程

重点课程是指课程建设达到了人才培养的较高要求并进行重点投入建设的合格课程。很显然，课程建设达到合格后，只是具备了专业人才培养的基本条件，并不是高水平的，因此还有待于向深层次、高水平的方向发展。

（3）优秀课程

优秀课程是指课程建设达到了人才培养的高要求、具有一定特色并作为重点投入建设的课程。

（4）精品课程

精品课程是指具有明显特色和一流教学水平的优秀课程，是同类课程中的精品，是课程建设发展的最高阶段，体现一流的教学水平，至少包括一流的师资队伍、一流的教学内容、一流的教学条件和一流的教学管理等四个核心内容。特色建设奉行人无我有、人有我优、人优我精的发展理念。

精品课程建设要体现现代教育思想，符合科学性、先进性和教育教学的普遍规律，具有鲜明特色，并能恰当运用现代教学技术、方法与手段，教学效果显著，具有示范和辐射推广作用。

精品课程是近 10 年来我国教育改革与发展的新理念、新认识，是高等教育本科教学工作水平评估的重要指标，在高层次人才培养中占有重要地位。同时，精品课程也是争取国家和地方政府加大对教育投入的重要途径之一。

4. 根据课程教学用语的类型分类

根据在教学实践当中教师使用教学语言的特点，可将课程分为单语课程和双语课程两类。

（1）单语课程

顾名思义，单语课程是指在教学过程中，教师根据教学的规范要求，始终使用一种语言进行教学的课程。无论是使用外语还是普通话、地方民族语言都属于单语教学。《中华人民共和国国家通用语言文字法》第十条规定："学校及其他教育机构以普通话和规范汉字为基本的教育教学用语用字。"

单语课程在实际的教学和教学研究中，一般很少引起人们的关注，只是随着双语教学的开展后，人们开始研究不同学科特点的课程，进行双语和单语教学效果的比较研究。

（2）双语课程

双语课程，简单地说，就是指在教学过程中，教师根据教学的规范要求，使用两种语言同时进行教学的课程：民族教育领域的"双语"教学是指用民族语言和汉语进行教学。

目前，关于双语课程及其教学，一般是指使用汉语和外语两种语言进行教学。

双语教学是指教学中采用母语和一门外语同时进行教学，让学生能用两种语言进行学习、思维和交流，通过课程的学习，达到既能掌握学科知识又能熟练运用一门外语的教学模式。

双语教学的任务是完成本学科知识的传授，同时提高学生的外语水平，培养学生运用外语进行基础知识或学科知识学习、思维、判断和交流的能力，开拓学生学习与研究的国际视野。在双语教学中，外语教学是一种获取知识的手段，它具有使学生既获得学科知识又能提高语言技能的双重效果。

根据使用外语的深度和广度，可分为两个层次。

第一层次为优秀教学：采用外文原版教材或讲义，基本外文板书，基本采用外语授课，基本采用外文作业或考试，教学效果良好。

第二层次为合格教学：采用外文原版教材或讲义，部分外文板书，部分外语授课（外语授课占课程总课时的 50%），部分外文考试和作业，没有因外语水平问题影响知识的传授和对知识的掌握。

双语教学是我国高等教育与国际接轨、迎接新世纪挑战、培养具有国际竞争力人才的必然要求，也是当前教学改革的重点和热点。

5. 根据课程包涵知识的特点和教学方式分类

根据课程所包涵知识的特点和教学方式的不同，可将课程分为理论课程和实践课程两类。

（1）理论课程

理论课程是指主要以传授知识的基本原理、基本观点和基本规律的那一类课程。它通常是在教室内，以教师主讲的形式进行教学活动。理论课程教学是人才培养的重要授课形式，是实践教学的重要基础。

（2）实践课程

实践课程是指主要以传授知识的基本技术、演示和验证基本原理、探索基本规律的那一类课程。它通常是在教师的指导下，以学生独立或分组合作的形式进行教学活动。一般来说，实践课程包括在实验室进行的实验教学、在训练场进行的操练、在基地进行的技能训练以及社会调查与实践等。

实践课程教学是人才培养的重要授课形式，是培养学生创新意识和创造能力重要途径。

（三）课程建设

课程建设包括师资队伍、课程内容、实训环节、教学条件和教学管理等方面的建设。课程建设是专业与学科建设的基础，是高素质人才培养的重要保障．是实现学校教育活动的基本途径，也是专业评估等各类教学评估的重要指标。

1. 师资队伍建设

师资队伍是人才培养的关键因素，是高素质人才培养的根本保障。师资队伍建设包括学历（学位）、职称、学缘、年龄等几个方面，通称为师资队伍的结构。科学、合理的师资队伍结构是实现人尽其才、人尽其用的基础和基本标准，也是最大限度地发挥人才能动作用的基本前提。

然而，师资队伍结构的科学与合理性是相对的，这是由学校的类型和层次、相关专业人才培养目标、相关课程的地位等诸因素所决定的，并非是高学历、高职称的人员越多越好。

一般而言，一个结构较为科学、合理的师资队伍的特征应当是：有高水平的学术带头人、精干的学术骨干、足够的学术后备力量，师资的学历（学位）和职称结构与专业及课程的定位相一致，年龄有梯度，学缘复杂，有自我发展与完善的功能。

2. 课程内容建设

课程内容建设主要是指教材建设。选用科学、先进的教材，有利于培养高素质、具有时代特征的优秀人才。

3. 实训环节建设

实训环节建设主要是指专业实习、实践基地和实验室建设。实训环节是人才培养的重要环节，是培养人才实际的动手能力和创新意识的重要途径。加大对实训环节的建设是当前我国教育改革与发展的主流趋势之一。

4. 教学条件建设

教学条件包括教学所必需的场所、设备与设施、教学环境及经费保障等。教学条件建设是开展正常教学工作的基本保障，是学校建设重要的基础性工程。一流的教学条件可以吸引更多的优秀人才来校工作，吸引更多的优秀生源来校学习。

5. 课程管理建设

课程管理是学校教学管理的重要内容之一：课程管理建设是指围绕课程建设诸要素之间的合理结构配置及功能的发挥而进行的一系列协调和控制过程。根据管理学关于管理的最佳效益原则，课程管理建设效益的重要标志就是极大发挥各要素的积极作用，并产生最佳效果。人的管理是课程管理的核心.建章立制是实现管理的基本手段和重要前提，进而形成具有人性化的、有效的管理运行机制是管理工作的重要目标。

（四）课程评价

课程评价包括对学生的学习、教师的教学和课程建设等三个方面的评价。课程评价在教学评估与管理中占有重要地位。

1. 学生学习评价

学生学习评价应是对学习效果和过程的评价。体育学习的评价主要包括体能与运动技能、认知、学习态度与行为、交往与合作精神、情意表现等，通过学生自评、互评和教师评定等方式进行。评价中应淡化甄别、选拔功能，强化激励、发展功能，把学生的进步幅度纳入评价内容。

2. 教师教学评价

教师教学评价应是对教学效果与过程的评价，内容主要包括教师业务素养（专业素质、教学能力、科研能力、教学工作量）和课堂教学两个方面，可通过教师自评、学生评价、同行专家评议等方式进行。

3. 课程建设评价

课程建设评价的内容主要包括课程结构体系、课程内容、教材建设、课程管理、师资配备与培训、课程经费、教学条件与设施以及课程目标的达成程度等，采用多元综合评价的方式进行。评价过程中，应重视学生的学习效果和反应，重视社会有关方面的评价意见。

二、体质弱势群体体育教学内容

体质弱势学生的不断增加为学校体育教学内容改革与更新提供了宽广

的视野，面对特殊群体，如何有效地开展体育教学工作，不断提高教学质量，使全体学生受益，并大力研究体质弱势学生体育教学内容等具有紧迫感。

（一）制订体质弱势群体体育教学内容的意义

体质弱势学生的大量出现是当前学生体质健康状况的现实，并将持续相当长的一段时期，这给我国教育改革与发展提出了新的课题，对国家民族振兴也提出了警示。因此，适时开展针对体质弱势学生的体育教学改革成为必然。

经过了体育教育教学观念更新之后，体育教学内容的选择便成了推进教学改革成败的关键要素之一。积极开展针对体质弱势学生的体育教学内容的研究具有重要意义。

1. 有利于开展体育教学

体育课程教学的最大特点就是实践性很强，要求学生必须进行身体练习，并承担一定的生理、心理负荷。因此，体质健康分组尤为重要：体质弱势学生从普通学生（体质健康状况较好者）中分离出来，进行特殊编组，便于开展教学组织，体育教师负担压力大大减小。

2. 有利于提高教学质量

针对体质弱势学生精选有针对性的教学内容，使提高教学质量成为可能。同时，由于教学对象进行了再分组，建立了多样化、多层次的教学目标，教师能够面对相对统一的教学对象，积极开展教学活动，从而极大地促进了全体学生体育教育教学的全面发展。

3. 有利于促进特殊体育课程建设

教学内容的选编是课程建设的核心内容之一，它广泛涉及教学对象的特点与分组、教学目标的定位、教学条件与手段的选择、教学师资配备与教学评价等诸多要素。因此，对体质弱势学生体育教学内容的研究与实施，有利于促进特殊体育课程建设，促进特殊体育学科的建立。

（二）选编体质弱势群体体育教学内容的原则

教学内容制约于教学目标，并之城着教学目标的实现。根据特殊体育课程的目标体系，体质弱势群体的体育教学内容应当满足三类学生群体的体育需求，使之适合特殊体育课程教学的需要。总之，在选编教学内容时应当遵守以下原则：

1. 安全性原则

安全第一是特殊体育课程教学的首要问题。安全性原则是指选择教学内容时，要充分估计其内在的安全系数，以确保练习时的危险系数降到最低。

2. 适量性原则

适量性原则是指选择运动项目或练习内容应当与学生身体的体质健康状况相适应，身体练习的负荷以适应为基本标准，通常，应选择运动负荷强度较小，自身能够承受，并能够产生积极影响的练习项目或内容。必要时，运动负荷的设定应当在医生和体育教师的共同参与下，进行体格检测、机能测试和运动负荷试验，然后再科学制订；练习时还应当加强医务监督，以防万一。

3. 有效性原则

有效性原则是指选择运动项目或练习内容应当以使学生产生积极的锻炼效果为基本标准。体育锻炼的效果主要表现在以下三个方面：第一，身体的良好适应和某些疾症的减弱；第二，动作技能的掌握与提高；第三，意志品质的磨炼与提高。

教学内容的选择应当与具体教学对象的特殊目标与任务紧密结合，以确保教学干预的有效性。教材的有效性是相对的，要具体问题具体分析。

有效性与适量性是辩证统一的关系，在实践中应当有机地结合起来，才能达到最佳的教学效果。

4. 简便性原则

简便性原则是指选择运动项目或练习内容应当以简便易行为基本标准。一般来说，选择动作结构与技术相对简单的运动项目或练习内容为宜；同时，还要充分考虑到部分肢体残疾的特殊学生，应当避免周期性强的运动项目，如跑步、游泳等。

5. 多样性原则

教学目标的多样性决定了教学内容的多样化，力争选编尽可能多的教学内容以便教学参考。

总之，每个原则都有其优势，但也有其使用的局限性。因此，在选编教学内容时，应当综合考虑各原则的积极作用，做到有机结合，而不可割分析问题。

（三）体质弱势群体体育教学内容建议

“巧妇难为无米之炊。”因此，教学内容是教师执教的基本依据。本书第七章“体质弱势群体体育教学目标”中按照体质弱势群体的概念，将学生大致上分成三类。以体质弱势学生为主要教学对象的特殊体育课程的总目标是使体质弱势的学生了解特殊体育的基本知识，掌握两种以上适合自身特点的有效的练习方法与手段，树立科学的健身观。针对不同的类别，提出具体的特殊任务。

根据体质弱势群体体育教学的总目标提出以下教学内容建议。

1. 第一类学生群体的教学内容建议

该类群体是指身患残疾而不适宜参加日常体育活动的学生，多以肢体残疾为主。该类学生的主要生理特点是身体因患有残疾而运动受限，但生活都能自理。针对该类学生的生理特点，选择教学内容主要包括基础理论知识和基本运动技能两方面。两者分别有一些内容需要注意，前者的注意事项为体育健身原理、机体对于不同运动负荷的生理适应规律、重点突出介绍与体质弱势群体相关的体育运动常识以及有针对性地传授相关的运动锻炼方法理论；后者的注意事项为选择适当的健身方法、重点介绍相关的体育锻炼手段、方法和注意事项、体育运动项目要有针对性。

2. 第二类学生群体的教学内容建议

该类群体在平常的生活当中几乎与常人无异，主要是一些慢性疾病和其他疾病的患者，当然不包括肥胖症和学校禁止的疾病。在制订该类学生的教学内容的时候要根据其生理特点，有针对性地选择教学内容。

（1）基础理论知识

根据选编体质弱势群体体育教学内容的相关原则，选择基础理论知识时应当注意：介绍一般体育健身原理；重视阐述与相关慢性疾病相适应的生活方式、膳食、体育运动以及如何通过这些方式减缓症状并逐渐康复等。

（2）基本运动技能

在选择合适的运动技能的时候要注意：体育健身的方法一定要适当，注重对该群体体育锻炼手段方法和注意事项的介绍，有针对性地介绍体育锻炼项目，重点是简便有效等。

3. 第三类学生群体的教学内容建议

该类群体主要是指体重过高或过低、体质较差以及其他情形的学生，其中占多数的是体重过高，他们与正常的健康学生没有太大差别。主要是因为在教学组织与效果获得方面有所差异。在选择教学内容的时候要注意以下两点。

（1）基础理论知识

根据选编体质弱势群体体育教学内容的相关原则，选择基础理论知识时应当注意：介绍一般体育健身原理；重视阐述造成体质偏弱的病理过程，运动、膳食和生活方式对这些症状的影响等；并将改善这种情况的方法理论作为重点阐述出来。

（2）基本运动技能

在选择基本运动技能的时候要将一些体育健身方法重点传授给学生，有针对性地选择一些锻炼方法和手段，并对其进行重点介绍。

第三节　体质弱势群体体育教学原则

一、教学原则概述

（一）教学原则的概念

所谓教学原则，是根据一定的教学目的任务，遵循教学过程规律而制订的对教学的一般要求，是指导教学活动的一般原理（李秉德，1999）。

教学原则来源于教学实践，又指导教学过程。因此，教师们应当认真研究教学过程各要素的特点，善于总结和认识教学规律，掌握教学原则，不断提高教学质量。

（二）教学原则的分类

关于教学原则的分类体系问题，在学术界尚未形成统一的看法。这里，我们将其分为以下几种。

1. 教学整体性原则

教学整体性原则包括两方面含义：一是指教学目的任务的全面性，包括德、智、体、美几方面整体发展；二是指教学过程诸要素的整体性，即只有充分发挥教学过程诸要素的积极作用，才能产生积极的教学整体效果。

2. 理论联系实际原则

理论联系实际原则，也就是说要将所学到的知识合理运用到现实生活当中，通过这种有机的结合，用理论指导实践，同时又通过实践来验证理论和发展理论。

制订理论联系实际教学原则的基本依据是一切知识来源于实践，实践是检验真理的唯一标准。

3. 启发创造原则

启发创造原则，也就是在教学的过程当中，教师能够因地制宜，利用有限的条件将学生的自主能动性最大程度的调动起来，不断激发他们的创造性思维。启发创造原则是教与学相互影响与作用规律的体现。

4. 师生协同原则

师生协同原则，是指在教学过程中，要正确处理好教师的主导作用和学生的主体作用的有机结合和充分发挥，使教师的教与学生的学的双边互动达到完美的状态。其实质就是要处理好教师与学生、教与学的关系。

师生协同教学原则是教学过程教与学相互影响与作用规律的反映。

5. 因材施教原则

因材施教原则，是指在教学过程中，要求教师根据学生的具体情况，有针对性地组织教学，使每一个学生都能得到发展。因材施教原则是教学受制约于学生身心发展特点这一规律的反映。

6. 反馈调节原则

反馈调节原则，是指在教学活动过程中，要求教师与学生保持通畅的有关教学信息的交流，并及时调整教师的教学策略和学生的学习策略，促进教学质量的提高。反馈调节原则是教学过程中教与学相互作用与影响规律的反映。

7. 教学最优化原则

教学最优化原则，是指在教学过程中，要求对教学过程的诸多要素进行全盘考虑，择优选用教学策略，进而达到教学效果的最佳化。

教学最优化原则主要是因教学效果取决于教学诸因素合力作用而提出的。教学效果最优化的标准是以最小的教学投入，获得最大的教学效益。

（三）教学原则的作用

教学原则是对教学活动全过程进行的理论升华和提炼的基本要求，是教育教学规律的具体体现，因此对教学工作具有良好的指导作用。

1. 有利于认识教学过程的本质

教学原则是对教学实践过程的高度总结和理论升华，尤其是对教与学双边活动的认真思考而提出的教学要求。因此，对教学原则的深刻理解和深入实施，反过来又可以促进人们对教学过程本质的认识，进而不断提高人们研究教学过程的自觉性。

2. 有利于优选教学策略

教学策略，简单地说，就是指实施教学的总体部署和安排，包括对教学过程中教学对象等七个要素的合理考虑和安排。而教学原则是对教学过程七要素合力作用发挥的总的要求，因此有利于人们合理选择最优化的教学策略，促进教学过程的顺利实施。

教学策略的优化具有相对性，受具体的教学条件与环境的制约，应当根据当时的教学实际进行优选，用最小的教学投入，达到最佳的教学效果。

3. 有利于实现教学目标

教学原则有利于人们认清教学过程的本质，有利于优选教学策略，进而不断提高人们熟练驾驭教学过程、实现教学目标的能力和技巧。

4. 各教学原则的统一

各教学原则之间具有相对独立性，但又紧密联系。因此，我们在贯彻落实各教学原则时，应当树立大教学原则观，把每一个教学原则的实施都放在教学的全过程当中，并充分考虑各教学原则的相互依赖与影响，相互补充与协调，共同发挥诸教学原则的合力作用；也只有这样，才能真正贯彻好教学原则，促进教学质量的不断提高。

教学原则既然是教学规律的反映，就必须受到教学实践的制约，并随着教学实践的发展而不断完善。这就要求教育工作者们，不但要认真贯彻落实各教学原则，还要不断地学习和研究教学规律，总结、发展和完善教学原则，提高教学原则的科学性、合理性。

二、体质弱势群体体育教学原则

教学原则来源于教学实践，又发展于教学过程。作为教学对象的人是最活跃同时又是最复杂的教学要素，因此，这是对教学原则影响最深远的因素之一。

体育教学原则来源于丰富多彩的体育教学实践。其中，教学对象的体育认知水平和体质健康状况是制约体育教学原则的重要因素之一，是体现体育教学原则丰富个性的重要因素之一，同时也是构成体质弱势学生体育教学原则的重要基础。

体质弱势群体体育教学原则是针对体质弱势学生开展体育教学活动而提出的具体指导和要求，它是体育教学原则的重要补充。

（一）提出体质弱势群体体育教学原则的背景

体质弱势群体体育教学原则的提出有着现实的背景条件。

1. 学生体质健康状况持续下降

自 20 世纪 80 年代以来，我国青少年体质健康状况每况愈下；到 21 世纪初期，这种下降的趋势达到高峰，诸如超重、肥胖人群增多以及速度、力量、耐力主要体能类素质下降的比例越来越大，引起了党中央国务院和社会各界人士的广泛关注。

根据教育部 2005 年学生体质与健康调研结果公告（教体艺［2006］3 号），调研结果显示，7 ~ 22 岁汉族学生中超重与肥胖检出率继续增加，成为影响学生营养健康状况的另一大因素。其中：7~22 岁城市男生，2005 年超重和肥胖的检出率分别为 13.25%和 11.39% . 比 2000 年分别上升了 1.4 和 2.7 个百分点。7 ~ 22 岁城市女生，2005 年超重和肥胖的检出率分别是 8.72% 和 5.01%，比 2000 年分别上升了 0.7 和 0.9 个百分点；7 ~

22 岁乡村男生，2005 年超重和肥胖的检出率分别为 8.20% 和 5.07%，比 2000 年分别上升了 1.8 和 1.6 个百分点；7 ~ 22 岁乡村女生，2005 年超重、肥胖检出率分别为 4.61% 和 2.63%，比 2000 年分别上升了 1.2 和 0.4 个百分点。

面对庞大的、日益增加的体质弱势学生，仅仅是按照常规的体育教学显然是不行的。因此，如何开展有针对性的体育教学工作，就必须进行体质弱势群体的深入研究，提出具有针对性的教学要求和建议。只有这样，才能有效地指导体质弱势学生的体育学习；同时也从另一方面极大地减少了对常规体育课程（相对于特殊体育课程）教学的影响和干扰，进而促使全体学生体育学习的健康发展。

2. 体育教育改革中的薄弱环节

引起青少年体质健康状况主要体能指标下降的原因是多方面的，其中体育教学改革与发展是重要因素之一。

新中国成立初期，由于国家的经济基础较为薄弱，生产力的发展水平相对低下，导致当时青少年的体质与健康状况不太理想，超重和肥胖学生相对较少；但由于当时的体育教育较重视运动技术、技能和运动素质的教学，因此学生的运动能力持续稳定地增长。

21 世纪初期，相继出台了一系列关于新课程标准的改革措施，“体育课程”开始广泛地被“体育与健康课程”所替代。实施“体育与健康新课程标准”几年来，其对于促进我国学校体育教育改革发挥了积极作用。但我们也清晰地看到，在实施过程中也存在不少问题，其中，学生体质健康因素，尤其是学生的主要身体素质指标持续下降的趋势，继 20 世纪 80 年代以来并没有得到有效遏制。因此，当前的体育教育教学改革思路与策略有待于作进一步的思考。

2007 年 4 月，由各学科专家、原标准组成员、基层教师和基层教研人员组成了新的各课程标准修订组，他们的主要任务就是对课程的改革实验在广泛征求各方意见的基础上进行深入的研究和调查，并及时修订。

（二）提出体质弱势群体体育教学原则的依据

体质弱势群体体育教学原则是体育教学实践的反映，有其理论基础和实践依据。

1. 学生体质健康状况

学校体质弱势群体的大量出现，使学生群体出现以体质状况为主要甄别标准的两大类群体。

第一类是体育普通类学生，他们的体质健康状况相对较好，相互之间的体质差别相对于同一体育学习目标而言的学习能力差别不大。而第二类学生与第一类学生比较，他们的体质健康状况相对较差，甚至相差悬殊，两类之间的体质差别相对于同一体育学习目标而言的学习能力差别较大。

第二类学生就是体质弱势群体，该群体又由三部分组成，第一部分是身患残疾的学生，第二部分是患有慢性疾病或其他疾病的学生（慢性疾病不包括肥胖症，其他疾病不包括学校禁止的疾病），第三部分是那些身体素质较差的学生。

由此可见，学校教育在以智力为主要甄别标准进行了分级和编班之后，还需要根据体质健康状况再次编班进行体育教学，不同的体育教学对象，需要有针对性的体育教学指导原则和策略来指导教学实践。

2. 体育教育改革发展的理念

2006 年 12 月 29 日，新中国成立以来首次全国学校体育工作会议在北京召开，国务委员陈至立同志在会上做了题为《切实加强学校体育工作，促进广大青少年全面健康成长》的重要讲话，“健康第一”指导思想再次引起共鸣，它是教育工作落实科学发展观的重要体现，是以人为本、促进人全面发展的内在要求。在社会发展新的历史时期，党和国家领导人再次提出和强调“健康第一”的指导思想，具有重要的战略意义。

针对不可忽视的体质弱势学生群体，如何开展体育教学改革和实践，尤其是体质弱势学生的体育教学改革与实践，目前仍是一个十分薄弱的环节，而且相关的理论研究也非常缺乏。

（三）体质弱势群体体育教学原则的内容体系

体质弱势群体体育教学除了要遵守体育的一般教学原则以外，还应当遵守以下特殊原则。

1. 实施课程目标的多样化原则

本书第七章“体质弱势群体体育教学目标”较详细地论述了体质弱势群体体育教学目标的多样性问题，这就决定了教学实施过程的多样化问题。实施课程目标的多样化原则，是指在针对体质弱势学生而开展的体育教学过程中，根据多样化的课程目标体系，有针对性地实施体育教学策略。

特殊体育课程总的目标是使学生了解特殊体育的基本知识，掌握两种以上适合自身特点的有效的练习方法与手段，树立科学的健身观。针对不同的类别，提出具体的特殊任务。

2. 课程内容的选择原则

根据特殊体育课程的目标体系，有针对性地选择教学内容，在选编教学内容时应当遵守以下原则，如图 6-3-1 所示。

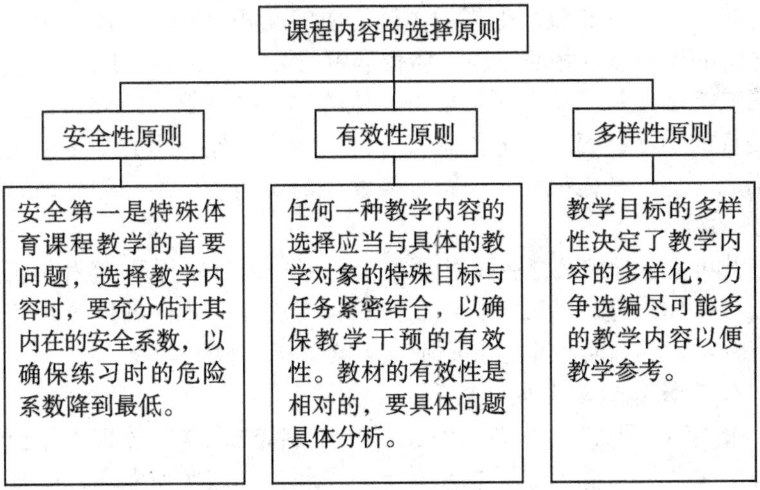

图 6-3-1　教学内容的选择原则

3. 课程评价标准的多样化原则

课程评价标准的多样化原则，是指在针对体质弱势学生而开展的体育教学过程中，根据课程目标的多样性，确定对应的课程考核标准，以便使每一个学生的学习评价达到客观、合理、有效。

课程评价是检验教学效果的重要手段，是实施课程计划的重要环节，还涉及学生毕业、学位授予等重要方面，因此，给出一份科学、合理的课程学习鉴定书（课程考试成绩单）不是一件容易的事情。

4. 教学实施的人性化原则

教学实施的人性化原则，是指在针对体质弱势学生而开展的体育教学过程中，充分尊重学生的人格和体质特点，注重和谐师生关系的培养，有针对性地实施体育教学策略。

体质弱势群体是弱势群体的特殊表现形式，在学校，他们是众多学生中的一员，有着各自美好的学习憧憬和愿望，有着丰富的个性和人格；同时，由于他们特殊的体质弱势因素，使得他们在特定的场合又表现出诸如内向、孤僻、胆怯等不良的心理反应。如一个体型肥胖的学生，在进行体育学习时，总会表现出力不从心，在同伴或异性面前出现难堪。因此，为了减少负面影响，消除练习者的顾虑，建立相互关系、互助友爱的和谐氛围，有利于提高教学效果，培养健康人格。

从某种意义上讲，体质弱势群体体育教学原则就是区别对待一般教学原则的具体化，是针对体质弱势学生开展有针对性的体育教学实践的指导原则，同时也是对区别对待一般教学原则在不同学科、领域具体运用的实践和发展。

体质弱势群体体育教学原则，在我国是首次提出，无论是理论基础还是实践积累，都还较为薄弱，本书中的提出是一种尝试，重在抛砖引玉。因此，希望广大体育教育工作者，尤其是特殊体育教育工作者积极投入，共同努力，使其不断发展和完善。

第四节 体质弱势群体体育教学方法

一、教学方法概述

教学方法是教学过程诸要素之一，在教学过程中扮演着重要角色。因此，深刻认识教学方法的概念及其本质，并在教学实践中灵活运用，掌握要领，对于提高教学效果、促进教学改革具有特别重要的意义。

（一）教学方法的概念

从操作层面上来看，教学方法是一个比较简单的问题；但从其理论层面上来看，却又是一个比较复杂的问题。在教学论领域里，一直以来，关于教学方法的概念有着多种解释。有学者认为："教学方法是为完成教学任务而采用的办法。它包括教师教的方法和学生学的方法，是教师引导学生掌握知识技能、获得身心发展而共同活动的方法。"（王道俊、王汉澜，1989）

随着现代教学理论和实践的不断深入发展，人们对教学方法本质的研究日趋深刻。归纳起来，有以下认识。

（1）教学是一个双边活动的过程。教学活动是教师的教和学生的学密切联系、相互作用的双边活动的统一过程。因此，教学方法应当包括教师的教法和学生的学法。而且，对学生学法的研究正在成为一个新的研究热点。

（2）教法与学法相互作用。在教与学的双边活动过程中，教师教的方法制约或影响着学生学的方法，同时，学生学的方法也影响着教师教的方法；教师教的方法与效果必然通过学生学的方法与效果体现出来。教师的教法与学生的学法是有机的统一体，不能割裂理解和使用。

（3）方法从实质上来说就是一种运动规律的规定性和活动模式，它规定人们按一定的行为模式去活动。

基于以上认识，有学者将教学方法定义为："教学方法，是在教学过程中，教师和学生为实现教学目的、完成教学任务而采用的教与学相互作

用的活动方式的总称。”（李秉德，1999）

（二）教学方法分类

1. 分类的意义

分类（classification）就是围绕某一目的、按照一定的标准对事物想象进行逻辑排列的认识手段，也是人们认识世界、揭示本质的重要过程。对教学方法的分类，就是为了提高教学质量，根据教学方法本身的特点和本质属性，对教学方法体系进行逻辑划分，以便人们能够更好地认识教学方法，进而有效地运用于教学实践。

2. 几种主要的教学方法分类

对教学方法的分类是一个复杂的工作。一方面，教学过程的复杂性决定着教学方法的多样化；另一方面，在现代科技进步、教育思想大发展的背景下，极大地丰富和发展了现代教学方法的内涵。因此，关于教学方法的分类问题目前尚未达到高度的统一，不同的学者或流派有着不同的认识。以下简单介绍几种主要的分类。

（1）按照教学的双边性分类

按照教学的双边性，可将教学方法分为教师教的方法和学生学的方法两种。教的方法包括讲授、谈话、演示等；学的方法如练习、实习、作业等。这种分类方法的特点是使人们能够清晰地认识教与学的区别，但由于分类割裂了二者的联系，因此不利于准确把握教法实践。

（2）按照知识的来源分类

按照学生获得知识的来源，将教学方法分为直观的方法（演示、图示、参观等）、语言的方法（讲授、谈话、阅读等）、实践的方法（练习、实验、考察等）三种。这种分类的特点是比较全面，也是教育学较为流行的分类。

（3）按照学生认识的积极性与独立性程度分类

这种分类是苏联学者斯卡特金等人的研究成果。该分类将教学方法分为图例讲解法（信息感知法）、复现法、问题性讲述法、局部探索法、研究法。这种分类法着眼于发展学生的创造才能和方法结构中的研究因素。

（4）按照教学方法的外部特征和学生认知活动的特点分类

我国教育专家李秉德等人按照教学方法的外部特征和学生认知活动的特点，将我国中小学比较常用的教学方法分为以下几种。

①以语言传递信息为主的方法（包括讲授法、谈话法、讨论法、读书指导法）。

②以直接感知为主的方法（演示法、参观法）。

③以实际训练为主的方法（练习法、实验法、实习作业法）。

④以欣赏活动为主的方法（指教师在教学中创设一定的情境，或利用一定的教材内容和艺术形式，使学生通过体验客观事物的真善美，陶冶他们的性情，培养他们正确的态度、兴趣、理想和审美能力的方法）。

⑤以引导探究为主的方法。

从上面的介绍不难看出，教学方法的分类是一个需要不断深入研究的课题。

（三）多媒体技术及其在教学过程中的运用

1. 多媒体技术概述

教育教学的多媒体技术又称为计算机辅助教学（computer assisted instruction，简称 CAI）。它是指合理运用声音、图像、动画、文字等手段与技术进行教学的方法。随着计算机科学与网络技术的迅猛发展，多媒体教学技术已发展到网络时代，教学信息资源庞大而共享，不但丰富和发展了传统的教学手段与方法，同时还为学生的自主学习提供了很大的便利。

2. 多媒体技术的运用

多媒体与网络技术在教学中的运用可以极大地提高教学质量已是不争的事实，但在实践中也存在一定的误区，如果不加注意，反而还会破坏教学质量。

在教学实践中，运用多媒体技术不当的情形主要表现在以下几个方面。

（1）华而不实，冲淡主题

在教学实践中，有不少教师在运用多媒体技术制作教学课件时，热衷于教学课件界面的华丽与多样化，而忽视了教学任务的主题，如华美的背景、动感的边幅、充满个性化的配音及动画效果，俨然使学生进入动画世界，相比之下，对所教授知识内容主题的渲染却显得单薄。这样一来，表面华丽的设计最大限度地吸引了学生们的好奇心和学习的注意力，然而却淡化了学习主题知识的努力，教学效果很难保证。这种现象存在一定的普遍性，尤其是那些初上讲台的青年教师，他们大都熟练掌握大量多媒体技术，但专业知识积累不多，教学经验不足。

教学手段选择华而不实、冲淡主题的现象还具有很大的隐蔽性，如果不认真分析，还较难判断，但是其危害还是明显存在的，应当引起专家学者及教学管理者的高度重视。

（2）生搬硬套，画蛇添足

多媒体教学手段的效果毋庸置疑，但并不是所有的学科（课程）都适用。应当是具体问题具体分析，根据不同学科（课程）的特点，选择简便、有效的教学方法与手段。生搬硬套、画蛇添足地选用多媒体技术的现象也是普遍存在的。这有来自教学管理层上硬性规定压力的因素。比如，专业主干课程运用多媒体技术授课要求达到一定的比例，而且规定必须是同时使用了声音、图像、动画、文字投影等其中三种以上的手段的教学才算是多媒体教学。

一般而言，对于形象、直观思维占主要特点的知识，合理运用多媒体技术的放大功效，可以延伸学生的感官效果，加深印象，如对人体器官的多纬度展示，可以加深学生对其结构的认识。对于逻辑思维占主要特点的知识，如类似哲学上一系列概念的思辨等知识的讲授，运用多媒体技术则是帮助不大。

另外，对于多媒体教学技术的理解过于狭隘。从文字角度上讲，多媒体技术应当是同时运用了三种或以上的技术；但从教学实际上看，媒体技术的多少与教学效果的取得并不存在一一映射的关系，而主要取决于教学手段的有效性。因此，从完成教学任务、实现教学目标的角度，相对于传统的粉笔加黑板的教学方法而言，只要是能够运用计算机或网络技术，在一次教学中汇集了大量的知识信息，方便而快捷地进行无纸化教学，并收到较好效果的教学，就是运用了多媒体技术，哪怕仅仅只是运用了投影技术。

（四）教学内容与教学方法的选择

教学内容的性质决定着教学方法与手段的选择。方法的创新必须为教学的内容服务，并非“多多益善”。在教学实践中，选择教学方法应当把握以下原则：

1. 对象与方法的统一

教育对象是教学过程的核心要素，是教学的出发点和归宿。因此，教学方法的选择就必须考虑到教学对象的特点及其可接受的程度。不同的教学对象对声音、图像、动画、文字等媒体刺激的适应性是有差别的。例如，少年儿童对动画的刺激容易产生兴奋，而对文字容易产生疲劳；而青年对文字刺激的抗疲劳性能力远远大于儿童。教学实践证明，只有适宜的刺激才能有利于知识信息的传递。因为，学生不可能在教师传授知识的过程中始终保持着高度兴奋或紧张状态，也不可能对教师的每一个讲解都感兴趣，因此，适时调节学生的情绪状态，变换教法要素，具有重要意义。

2. 内容与方法的统一

教学内容与教学方法的统一，是指根据具体的教学内容特点，有针对性地选择教学方法，从而达到有效地传授知识的目的。教学内容与方法相统一的原则，是合理选择教学方法的基本原则，也是促进教学信息有效传递的重要基础。

3. 简便与有效的统一

根据管理科学最佳效益原则的理论，用最小的投入，获得最佳的效果。教学是一门学问，因此有规律可循；教学又是一门艺术，因此又无章可循。选择简便而有效的教学方法是追求教学效果最佳化的根本任务和重要前提。现代科技的发展、教育思想观念的更新为教法改革与发展提供了广阔的视野和巨大资源。

二、体质弱势群体体育教学方法

教学手段与方法来源于丰富的教学实践，又发展于复杂的教学过程。作为教学对象的人是最活跃同时又是最复杂的教学要素，因此其是对教学方法影响最深远的因素之一。

体育教学方法来源于丰富多彩的体育教学实践，其中，教学对象的体育认知水平和体质健康状况是制约体育教学方法的重要因素之一，是体现体育教学原则丰富个性的重要因素之一。因此，根据体育教学原则及体质弱势学生体育教学原则的特殊性，在选择使用体育教学方法的过程中应当注意以下事项。

（一）身体教学与心理暗示紧密结合

针对体质弱势学生的特点，他们的心理素质也会由于身体的弱势而表现出不利的一面，一般较为脆弱、内向，心理的弱点要远远超过身体的弱势，因此，其自尊心很容易受到伤害，在日常生活、学习过程中有渴望理解、关心、帮助和爱护的主观需要。因此，在体育教学实践中，在运用具体体育教学方法与手段方面，应当做到身体教学的方法与心理暗示的方法紧密结合，注重身体教学方法的有效性，并要突出心理感受的有效性和持久性，使学生充分感受到教师的关心、鼓励，从而建立和不断增强体育学习的动力和信心。

（二）课堂教学与课后关怀紧密结合

对体质弱势学生的体育学习来说，体育锻炼有着双重的属性，一方面，它可以激励学生积极向上，产生积极效果；另一方面，它也可以因此而挫伤学生的积极性，产生消极影响。对于身患残疾、体型肥胖等体质弱势学生而言，在体育锻炼过程中，经常会由于身体的原因而导致动作学习的“难堪”场面，这样会极大地挫伤他们继续学习的动力和信心。因此，课后的关怀就显得尤其重要，课后的关怀应采取谈心的方式进行，建立朋友关系，帮助他们逐步树立学习的信心和勇气。

（三）重视个体差异区别对待

根据体质弱势群体的分类，针对三类学生的群体体质特点及个体差异，选择和实施体育教法与实现各自教学目标紧密结合起来；在教学实践中，突出区别对待，重视个体差异。因为，在体质弱势学生群体中，导致其体质健康处于不利地位的因素不同，即便是处于同一类别的学生，其体质及运动能力差别也是较大的。因此，体育教法的选择和运用应当突出区别对待。

（四）重视学生心理品质教育

对于体质弱势学生来说，体育教学对身体的影响也许并不很大，对于某些身体患有残疾的学生来说，不可能改变其残疾的客观事实。因此，在体育教学中，重视心理感受，培养顽强意志品质，树立科学人生观、价值观，显得尤为重要。在体育教法的选择和实践中，时刻重视对其心理因素的干预，可为其逐步形成自我体育教育意识奠定基础，进而通过自我体育，逐步塑造良好的心理品质，促进全面发展人才的培养。

值得注意的是，体质弱势群体体育教学方法是针对体质弱势学生开展体育教学活动，从理论层面提出的一种体育教学方法概念分类，它是体育教学方法体系的重要补充，在教学实践中可以参照以上要求，根据具体情况开展体育教学工作。

第七章　体质弱势群体健身运动处方与健身教学

对于体质相对弱势群体而言，要想获得一个高质量的生活状态，就要在平常的生活中积极进行健身运动，增强体质，改善自身的精神状态。本章将针对体质弱势群体的运动处方和健身活动展开探讨。

第一节　体质弱势群体健身运动处方

一、运动处方概述

（一）医疗处方的概念

《处方管理办法》（中华人民共和国卫生部令第53号，自2007年5月1日起施行）第二条规定："处方是指由注册的执业医师和执业助理医师（以下简称'医师'）在诊疗活动中为患者开具的，由取得药学专业技术职务任职资格的药学专业技术人员（以下简称'药师'）审核、调配、核对，并作为患者用药凭证的医疗文书。处方包括医疗机构病区用药医嘱单。"

可见，医疗处方具有明确的针对性，其开具有着非常严格的要求和程序，一般是由具有资质的医师和药师共同来完成，并具有较高的权威性和法规约束力。一般来讲，医疗处方当日有效，一次用药量为3天，最长不得超过7天。

医疗处方（therapeutic prescription）的运用和科学化为运动处方的诞生提供了科学依据和操作经验。

（二）运动处方概述

1. 运动处方的产生和发展

运动处方（exercise prescription）的概念由美国生理学家卡波维奇于20世纪50年代提出。日本生理学家猪饲道夫教授于1960年首先使用了运动处方术语，1969年世界卫生组织使用了运动处方术语，至此这一术语在国际上得到确认。

1954 年，德国 Holl-mann 研究所开始对运动处方的理论和实践进行研究，制订出健康人、中老年人、运动员、肥胖病等各类运动处方，有着显著的社会效果。

美国著名生理学接库珀（Cooper）教授用 4 年的时间研究运动与健康的关系，1968 年出版了著名的《有氧代谢运动——通向全面身心健康之路》《12 分钟跑体能测验》等专著。前书被翻译成 25 种文字，发行 1200 余万册，为世界上许多国家所采用，在国际上产生了广泛影响。

日本在 1971 年成立了以猪饲道夫教授为主的运动处方研究会，于 1975 年制订出各种年龄组的运动处方方案，出版了《日本健身运动处方》，指导大众健身。

我国用运动处方辅助治疗冠心病、肥胖病等有不少临床报道，也翻译了一些国外运动处方专著；在医学、体育院校的教材中，运动处方已列入基本内容；在普及运动处方知识方面也做了大量工作。

2. 运动处方的概念

关于运动处方的概念有着不同的表达方式。

运动处方是指对参加体育锻炼者或进行体疗的患者，根据健康、体质状况以及心血管功能状态，按其锻炼的目的，并结合环境条件、运动爱好等特点，用处方的形式规定锻炼的内容、运动强度和运动量的方法。

对从事体育锻炼者或病人，根据医学检查资料（包括运动试验和体力测验），按其健康、体力以及心血管功能状况，结合生活环境条件和运动爱好等个体特点，用处方的形式规定运当的运动种类、时间及频率，并指出运动中的注意事项，以便有计划地经常性地锻炼，达到健康或治病的目的，即为运动处方。

《体育科学词典》关于运动处方的定义是：“对不同年龄、功能状态、健康或疾病的个体，以处方的形式确定运动方案，它包括运动种类、运动强度、运动持续时间、运动频度和运动进度五个部分，以达到增进健康和预防疾病的目的。”

综上所述，我们总结出：运动处方就是针对目标人群或个体，为了达到既定的目的，以处方的形式设计的运动或练习方案，它包括练习的目的（objectives）、练习的内容（types）、练习的强度（intensity）、练习持续的时间（duration）、练习的频度（frequency）、练习的进度（schedule）及练习注意事项七个部分。

3. 练习的目的

对于运动锻炼，不同的人群有着不同的要求，有的是为了控制体重，有的则是为了提高身体素质，有的可能是为了治疗某些慢性疾病。随着运动处方理论与实践的发展，目标对象可以是个体，也可以是类似群体。

（三）运动处方与医疗处方的区别与联系

作为一种体育锻炼方法，运动处方的发展受到医疗处方的启发，它与医疗处方不管是在形式上还是在内容上都有着非常相似的地方，当然还存在着很多差别。对两者之间差别的比较和分析对发展运动处方理论和实践具有重要意义。表 7–1–1 为运动处方与医疗处方的差别。

表 7–1–1　运动处方与医疗处方比较一览表

比较的内容	运动处方	医疗处方
处方结构特征	一致	一致
目的	以增进健康、预防疾病为主	治疗疾病
目标对象	个体或类似群体	个体
制订主体	体育教师、体育保健 T 作者等	医师和药师共同完成
处方的使用周期	可长、可短，一般几周至几月	3 ～ 7 天
处方的实效性	无严格要求	当日有效
处方的稳定	经常会调整	一般不变
权威性	一般	较高
法规约束力	无	有

二、运动处方的内容、特点及分类

（一）运动处方的内容

1. 练习的内容与目的

（1）练习内容

练习的内容主要指运动处方所运用的练习手段与方法。对练习或运动种类有着非常复杂的划分，以不同的标准可以得到不同的分类体系。

以运动的结构为标准进行划分，可以将运动分为周期性运动和非周期性运动两大类；以运动竞技取胜的决定因素为标准，又可分为体能类和技能类两大类；以练习做功的方式为标准，可以将运动分为动力性练习和静力性练习两大类。在运动处方的制定上，主要关心的不是练习或运动的形式，而是其对身体的效果。而以练习或运动的生理学基础——供给氧气的方式和特点为依据，可将练习划分为以有氧供能为主、无氧供能为主及混合供能为主三种练习类型，如表 7–1–2 所示。

表 7–1–2　三种练习一览表

以有氧供能为主的练习	以无氧供能为主的练习	以混合供能为主的练习
步行、登山	短距离冲刺跑	球类运动
慢跑	跳跃项目	间歇训练
跳舞		
游泳		
打太极拳		
骑自行车		

这里应当指出，以上分类是相对于一般情况而言，练习时所采取的强度决定了其是有氧还是无氧运动，如 100 米跑练习，如果采取慢跑的练习的强度，其就是以有氧供能为主的练习；反过来，如果采取全速跑，它就变成了以无氧供能为主的练习了。

此外，同样的练习负荷，由于个体之间的体力、身体素质及健康状况等诸多方面的差异，也会存在着有氧与无氧的差别。因此，在研究设计运动处方时，要针对具体情况，选择合理、有效的练习类型，保证实现练习的目的。

（2）练习目的

在进行练习的目的上，不同的目标群体或个体也存在着很大的差异，但归纳起来，练习的目的一般有预防疾病、保健康复、塑造身体与减肥、增强体质、健身健美、休闲娱乐及提高运动素质与水平等几类。

2. 练习的时间与负荷

（1）练习的时间

一次练习所需要的时间长度就是练习持续的时间，包括每组实际运动的时间和组间休息的时间，即从练习开始到练习结束的全部时间。时间长度的设计并非越长越好，应当根据处方对象的具体情况来定，练习持续的时间与练习的强度成反比，练习持续的时间越长练习的强度应当越小；练习持续的时间较短，可以加大练习的强度。

（2）练习的负荷

练习的负荷（exercise load）包括负荷的量度和负荷的强度。负荷的量度（quantity load）指练习对机体刺激的数量要素；负荷的强度（intensity load）指练习对机体产生生理、心理刺激的剧烈程度，如举重 100 千克，连续做 8 次推举，100 千克是练习的负荷强度，8 次是练习的负荷量度；100 米跑练习所用的时间是 15 秒，100 米跑是练习的负荷量度，15 秒是练习的负荷强度。

作为运动负荷的重要方面，运动强度是运动处方的重要内容，因此，运动处方的制订要重视运动强度的设计。

运动处方的练习强度指标一般采用常见的运动生理学指标来表达。例如：

①摄氧量，以最大摄氧量的百分数表示；

②无氧阈值（anaerobic threshold，AT）；

③心率（heart rates，H R）；

④代谢当量（METS），表示运动时的代谢率对静息代谢率的倍数，也称梅脱［1 梅脱指 1 千克体重从事 1 分钟活动消耗 3.5 毫升氧的活动强度，1METS—3.5 毫升 /（千克 / 分钟）］。

3. 练习的进度与频度

（1）练习的进度

练习的进度是指运动处方执行推进的节奏。运动处方制订后，在实施的过程中，根据实际情况，合理调节运动的强度、持续的时间、练习的频度甚至练习的方式等。练习的进度一般可分为三个阶段，具体如图 7–1–1 所示。

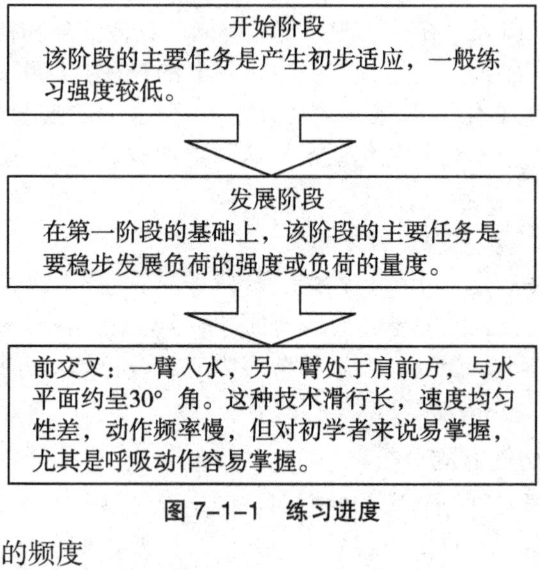

图 7–1–1　练习进度

（2）练习的频度

练习的频度一般以周为基本单位，指重复练习的次数，可表示为一周练习多少次（次 / 周），如一周练习 3 次（一、三、五练习）、隔日训练（二、四、六休息）、周日调整。练习的频度由练习的强度和练习持续的时间决定，是运动负荷量度的重要指标，对练习的频度的合理选择有利于提高练习的效果。

4. 练习注意事项

练习注意事项是对运动处方主要要素的补充说明，为运动处方设计所不可缺少，它是在实际的实施过程中，对可能出现的情况所提出的解决办法或建议，以及其他应当注意的问题，如饮食、休息等。

（二）运动处方的特点

运动处方对于目标对象实施具有针对性的体育锻炼与康复指导有着积极的效果。与传统的体育锻炼方法比较，运动处方具有以下特点。

1. 完整性

运动处方方案的设计包括了从目的到实施监控（注意事项）等七个方面，对练习者的指导和要求进行了较为全面的反映。此外，在运动处方制订前，应进行相应的体力测试和一般的健康检查，这也为科学制订练习方案提供了依据，使处方的制订有一个对目标对象全面了解的基础，从而使练习指导更加全面，并具有针对性。

2. 可控性

在运动处方实施的过程中，对其进行的必要调节表现出运动处方的可控性（governable / controllable）。通常来讲，运动处方的实施要经历前后紧密联系的三个阶段，在不同阶段有着不同的具体任务和特殊要求。

此外，在实施处方的过程中，目标对象的身体状况可能会随着实施进度的开展而发生变化。因此，运动处方专门提出实施进度及实施控制的要求，以适应以上不同的变化要求，从而更加有效地提高运动处方的实施效果。

3. 个性化

不同人群在病史、年龄、性别、身体素质、健康状况及参加锻炼的目的等方面都存在较大的差异，而运动处方的个性化（personality）主要表现在处方的针对性上。因此，在选择练习内容、设计练习方案时就要有所区别，尽力做到因材施教是其所具有的显著特点。

（三）运动处方的分类

保健康复领域是目前运动处方研究的主要领域，而在这一领域中的研究对象又主要集中于身体患有残疾、疾病，以及体弱、肥胖等体质弱势群体。随着不断深入的体育教育改革，运动处方理论与实践在不断发展和完善中所涉及的目标对象会进一步扩大。从运动处方所涉及的主要目标对象及目的的角度，运动处方可分为以下四种类型。

1. 竞技性运动处方

竞技性运动处方（competitive exercise prescription）主要以职业运动员或准备参加比赛的运动参与者为目标对象，通过采用专门化的运动训练手段来进一步改善形体、提高专项身体素质和运动技能，以达到最佳竞技状态，而研究设计者应当是熟悉运动训练理论和方法的体育教练员。

2. 治疗性运动处方

生活中那些患有慢性疾病、职业病，以及其他需要治疗的人群是治疗性运动处方（therapeutic exercise prescription）的主要目标对象。这种运动处方，主要选择一些具有保健与康复功能的中低负荷的练习手段。如打太极拳、健身气功等练习，来调节身心健康、缓解病情、改善身体机能等。

在临床医学中，治疗性运动处方对研制该处方的人员的要求相对较高，一般要求除了掌握体育锻炼的常识和技巧，还应当熟悉相应的医学保健常识。

3. 教育性运动处方

在现阶段的体育教育改革领域，对教育性运动处方极其看重。随着不断更新的教育理念，体育教育者开始着手于体育教学模式与方法的改革的研究，而处方式体育教学为人们所推崇。

从某种角度来说，运用于体育教学的运动处方就是教育性运动处方，它的目标对象是普通学生，通过身体练习这一基本手段来增进健康、改善机能、提高运动技术水平、塑造心理品质，研究设计者一般是体育教师。

目前，教育性运动处方的目标群体主要是身体患有疾病、残疾及体弱、肥胖的体质弱势学生。

总之，对运动处方没有绝对的划分，其目的有时也存在着交叉，手段也是通用的，只是在具体实施过程中，要注意到目标对象的实际情况和特点，善于对练习的节奏和负荷进行把握和控制，加强医务监督和保障，提高处方的使用效果。

4. 健身性运动处方

体弱、肥胖或慢性病人群是健身性运动处方（healthy exercise prescription）的主要目标对象，通过采用一些中等负荷的有氧练习手段和方法，如有氧健身操、中长距离跑步等来调节身心健康、改善形体、缓解病情、改善身体机能。

健身性运动处方的制订要求设计人员熟练掌握体育健身的基础理论和基本技能，并具备一定的运动营养和卫生保健常识。健身性运动处方是目前深受白领、金领职业者青睐的，运用最为广泛的运动处方之一。

三、制订运动处方的理论依据及原则

（一）制订运动处方的理论依据

运动处方在内容和格式上有着比较严格的规范和要求，在研究制订运动处方时，应当以以下背景知识为依据进行全面考察、分析和设计。

1. 运动人体科学知识

在体育学中，运动人体科学（sports science of human body）是一个二级学科，这一学科中的运动生理（sport physiology）、运动营养（sport nutrition）等学科知识是制订运动处方的重要基础之一，而运动负荷的设计、营养膳食的搭配等也要在以上学科知识的指导下开展。

运动生理的研究实验表明，机体对运动的适应具有双向性，表现为轻微的刺激对机体不存在什么影响，而良好的刺激产生积极的影响，反之产生消极甚至裂变影响。从这个层面上来看，练习的效果受到运动负荷设计的直接影响。

2. 相关的医学科学知识

从运动处方的分类可以看出，在处方所涉及的众多的学科知识中，医学知识（medical knowledge）是基本的知识，只有对这些一般卫生（healthy knowledge）、医学保健（health care of medicine）等知识有所熟悉和掌握之后，我们才能够对特殊患者的基本情况进行科学的分析，从而选择出有效的处方方案。

如对经期的妇女，禁止采用增加腹腔压力的练习动作；对高血压患者，禁止采用一些靠憋气来完成的练习动作。在实际的运动练习中，掌握丰富的医疗、卫生知识，还有利于预防一些意外事故的发生。

3. 体育教育训练学知识

在我们为较好地进行体育锻炼而选择练习方案时，体育锻炼的基础理论和基本技能可以为我们提供丰富的素材和科学的指导，因为各种练习内容的研制及技术都离不开相关体育知识的指导，如采用乒乓球运动来练习，就必须先学会相应动作技术。

作为教育的重要组成部分，体育还具有教育的属性，在实施运动处方的过程中，还有着教育的功能。

此外，心理科学知识也应当引起重视，尤其是对心理有障碍的目标对象的运动处方设计具有积极作用。

4. 目标对象的特点及目的

研究制订运动处方以目标对象为出发点和归宿。可以说在处方制订的过程中，目标人群现实的身体健康状况及过往病史、主动史等因素对处方制订的成败有着直接的影响作用。因此，在研究设计运动处方之前，必须对目标对象进行全面的考察、测试和分析。

此外，目标对象的目的要求也是一个重要的依据。也就是说，处方对象想要达到什么样的目的，或者说根据目标对象的特点，其能够达到什么样的目的，应当据此选择具有针对性的运动处方。

（二）制订运动处方的基本原则

任何锻炼计划都应该与运动的基本规律相一致，符合运动的一般原则。而运动处方以练习者的运动情况为依据进行练习目标的设计，并进行有针对性的、可控的练习，以使运动练习的积极效果最大化。因此，在研究制订运动处方时，应当遵守以下原则或要求。

1. 个性化原则

运动处方的个性化原则（principle of personality）指在研究制订运动处方的过程中应对目标对象的具体情况和要求进行充分考虑。因为不同的对象，不仅在性别、年龄上存在差别，而且同一性别、年龄的对象在身体健康、运动素质、病史、运动史等方面也存在差异，甚至同一对象在不同的时期，其体质状况也可能有较大的差别。

因此，运动处方的制订必须以全面考察、测量和试验为基础，并对目标对象的针对性有所突出。通常来讲，一个人一个处方，并且相似的群体也是同一个处方。

2. 安全性与有效性原则

在研究和制订运动处方时，必须做到安全和有效。安全性选择练习内容与方法、设计练习负荷要适度，符合目标对象的特点，练习者可以控制；有效性指选择练习内容与方法、设计练习负荷要力求产生积极的效果。

因为目标对象是存在着差异的，所以练习的方法、内容及负荷的安全与有效也不是绝对的，而是动态的。在练习的负荷上，安全与有效是一对矛盾体，练习的负荷越大，对集体产生的刺激也就越明显，而效果则会更好；反之则较为安全，但效果也不会很明显。因此，在处理设计练习的安全与有效性矛盾问题上我们追求一种最佳区间，也称靶负荷（goal load），以确保安全为基础，逐步产生积极影响，尤其是针对那些疾病患者用于保健与康复目的的运动处方设计，更应当注意安全措施的设计和调控。

3. 稳定性与动态性原则

稳定性与动态性原则（principle of steady and dynamic load）指在研究制订运动处方时要注意练习负荷的相对稳定性，根据实际情况适时调整以达到最佳的效果。人体运动刺激的生理适应性规律要求练习负荷必须达到一定量的积累才能产生质的效果。

因此，保持练习负荷刺激的相对稳定性、长期性，是取得锻炼实效的基本前提和重要保障。然而，机体的变化有时又是不确定的，曲折的，并非一定会朝着目标方向进展。因此，适时调整练习的负荷具有重要意义。当目标对象机体状况稳定、发展好，主观感觉不错时，可以考虑适当增加负荷量或加大负荷强度，促进练习效果持续稳定地提高；反之，则应降低负荷强度或负荷量，必要时甚至可以暂停一段时间，停止练习。

四、制订运动处方的基本程序与方法

（一）制订运动处方的基本程序

根据运动处方的内容特点和制订原则，研究制订运动处方应当遵循以下步骤：

1. 健康检查

健康检查（health check）是制订运动处方的基本步骤之一，尤其是针对身体患有某些疾病及年龄超过 35 周岁的中老年人。健康检查的主要内容包括以下方面。

（1）一般史和运动史调查

一般史包括生活史和病史。生活史的调查主要是了解目标对象过往的生活状况，如工作性质、劳动条件、生活制度、嗜好等；病史的调查主要是了解目标对象过往的患病及康复情况。运动史调查的主要目的就是进一步了解目标对象过去的运动经历、受伤及康复情况等。这些调查是为科学制订运动处方提供必要的信息资料。

（2）医学检查

医学检查（medical check）主要是对目标对象目前的身体健康状况进行检查和了解，并以此为运动处方制定的基本依据，检查的主要内容包括心电图（electrocardiogram）、血压（blood pressure）、肝功能（1ung function）、血脂（blood fat）、血糖（blood sugar）等，一般应由医师执行并做出评价。

（3）姿势和形态测量

为了解目标对象的身体发育状况，检查身体是否患有残疾、是否畸形等，一般要进行姿势和形态测量（post and structure measurement），初步判断其能否从事一般的运动锻炼，如脊柱异常（包括“c”形弯、“s”形弯曲等）、胸廓异常（包括鸡胸、漏斗胸、桶状胸、扁平胸等）、腿型异常（包括“o”形腿、“x”形腿等）、足形异常（包括扁平足、弓形足）等。

2. 体质测定

体质测定（physique test）是在健康检查的基础上，对目标对象的体质强弱进行的进一步测量和判断。其测试内容主要是与健康联系密切的各项身体素质（physical condition），包括速度（speed）、力量（strength）、耐力（endurance）、柔韧（flexibility）和灵敏（agility）五大身体素质。测量时，可参照健康人群的评价标准，给出必要的评级，也可参照特殊评价标准进行评价。科学的体质测试可以为以后的锻炼效果评价提供初始的水平参照，从而为科学评价奠定基础。

3. 运动负荷试验

运动负荷试验（exercise test）是对目标对象进行心肺功能测量及一般运动能力为主的运动试验，为制订运动处方的运动负荷提供直接的定量依据。目前，常用的测量手段有台阶试验、功率自行车试验和跑台试验等。

4. 制订运动处方初步方案

根据以上调查、测量和试验的基本数据，经过综合分析，初步确定练习的目的、内容与手段、练习的强度、练习的实践、练习的频度、练习的进度及注意事项，制订出运动处方初步方案（making the primary exercise prescription）。

5. 实施和修正方案

运动处方首次制订出来后，还需要一个预试验过程。在相关人员的指导下，实施和修正方案（executing and a adjusting the primary exercise prescription）。指导人员在运动处方实施前，必须向目标对象讲述运动处方的要求、安全措施及运动中应当注意的事项，并要求其逐步做到自我监督（self supervision）。在实施中不断积累相关信息，为下一步修正提供依据。

6. 运动效果评估

运动效果评估（result evaluation）是对运动处方科学性总结的必要步骤。效果评价可以定期进行，也可以随时进行。评价的目的是为了反馈信息，调整处方的构成要素，使处方目标始终朝着积极的方向推进。

制订运动处方的基本步骤如图 7-1-2 所示。

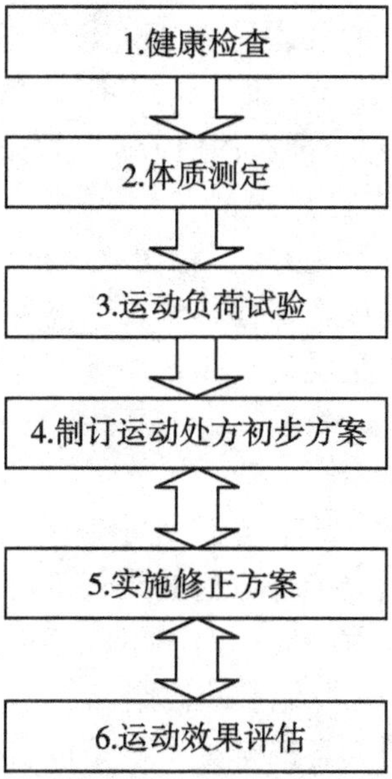

图 7-1-2 制订运动处方的基本步骤

（二）制订运动处方的基本方法

1. 练习目的

制订者与目标对象共同研究商定运动处方设计的目的，具体来讲是根据制订前的一系列调查、测试和试验，首先由设计者提出目的建议，再根据目标对象的主观愿望，综合考虑后确定。根据目的确定相关的目标和任务，以作为效果评价的依据。目标确定后，应当随着实施进度的推移，进行适当调整。根据处方对象的具体情况，目的通常有治疗、健身、竞技、教育等几种类型。

2. 练习内容

根据处方对象的具体情况和目的，有针对性地选择练习内容和手段。

（1）竞技运动处方内容

竞技人群，一般是职业运动员或准备参加比赛的运动参与者。因此，根据竞技项目的特点，主要采用一些专门化的运动训练手段。训练内容应当涵盖一般身体素质、专项身体素质、运动技能、战术及专项心理素质等方面。

（2）治疗运动处方内容

身体患有某些慢性疾病或职业病的人群通常希望运动处方能够起到治疗的目的，设计运动处方是一种用于辅助治疗的方法。根据患者的特点，一般是采用以有氧代谢供能为主的耐力性练习项目，如散步、慢跑、打太极拳等，对治疗心脑血管疾病、高血压等慢性病具有较好的效果。

对因长期工作而导致的肢体局部过度疲劳，产生部分的功能异常的患者，还应当采用专门性的练习。如对于长期从事脑力劳动者，由于长时间的坐姿，容易导致颈椎、腰椎（肌）的疲劳，建议采取一些躯体的伸展练习。

（3）教育运动处方内容

学生是教育运动处方的主要适用人群。教师根据学生的特点，以处方的形式而进行有针对性的体育课程教学，围绕着体育教学的目的展开练习内容的选择，如为了掌握某项运动技术而进行专门的技术训练，为提高身体素质而设计专门的身体训练等。

（4）健身运动处方内容

以健身为主要目的的人群，身体处于亚健康（sub—health）状态者居多。因此，练习内容应当以中等负荷的有氧练习手段和方法为主，如有氧健身操、中长距离跑步、跳绳等。对于以改善形体、增长肌肉为目的的练习者，还应当注意膳食结构及能量的控制。

总之，运动处方练习内容的选择主要是以目标对象的具体情况和既定目标为前提，尽管目标不同，但内容手段也可能相似，差别表现在运动的负荷上。

3. 练习频度

有研究报道，每周锻炼超过 3 次时，最大摄氧量的增加逐渐趋于平坦；当练习次数继续增加到 5 次以上时，最大摄氧量的提高逐渐减小；而每周锻炼次数小于 2 次时，通常不引起变化。由此可见，每周锻炼 3 ～ 4 次是最佳的频度。

基于生理刺激的适应性和超量恢复原理，练习的间隔不宜超过 3 天。对于一般治疗性或健身性锻炼，坚持每天锻炼一次，效果会更好。

4. 练习进度

练习进度分为三个阶段，如图 7–1–3 所示。

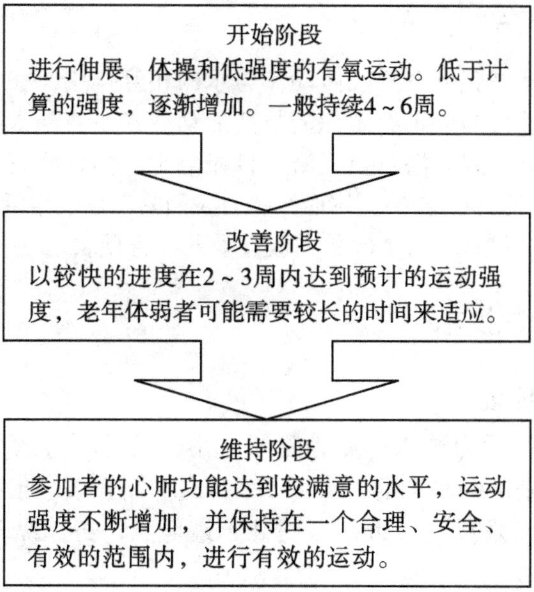

图 7–1–3　练习进度

5. 练习注意事项

练习注意事项主要包括以下四个方面。

（1）提出禁忌的运动项目和某些容易发生危险的动作。

（2）提出运动中自我观察指标及出现指标异常时停止运动的指标。

（3）提出每次锻炼前后都要做好充分的准备活动和整理活动。

（4）其他需要个体指出的事项。

（三）运动处方的实施与修正

运动处方的制订与实施要取决于目标对象的差异及机体产生适应的长

期性和复杂性，是一个复杂的动态过程，因此，要求目标人群首先要根据设计的运动处方初步方案进行练习。

在运动处方实施推进的过程中，发现一些异常或变化的问题，经过科学分析进行必要的修正。一般来说，一个运动处方制订后，需要经过多次的修正才能达到满意的效果；当然也避免稍有异常就开始修改，这样不利于实现锻炼效果，应当做到相对稳定与修正的统一。

第二节　体质弱势群体游泳健身教学

一、游泳运动概述

游泳运动是人凭借自身肢体动作与水的相互作用，在水上漂浮前进或在水中潜泳而进行的一种有意识的技能活动。它一直与人类生存、生产和生活相联系。游泳集水浴、空气浴、日光浴于一体，能有效地增强体质，促进身心健康，逐步形成健美体形，并对人们的工作、生活有深刻的影响。在现代社会中，游泳运动是最受大众喜爱的体育项目之一。

二、自由泳技术

（一）身体姿势

图 7-2-1 所示为爬泳的姿势侧图，在进行这项游泳活动时首先应注意身体的姿势是俯卧水平的，头部 1/3 露出水面，微微抬起，眼睛注视前下方，水平面与发际相接近，双腿处于最低点，身体纵轴与水平面约成 3° ~ 5° 的仰角。

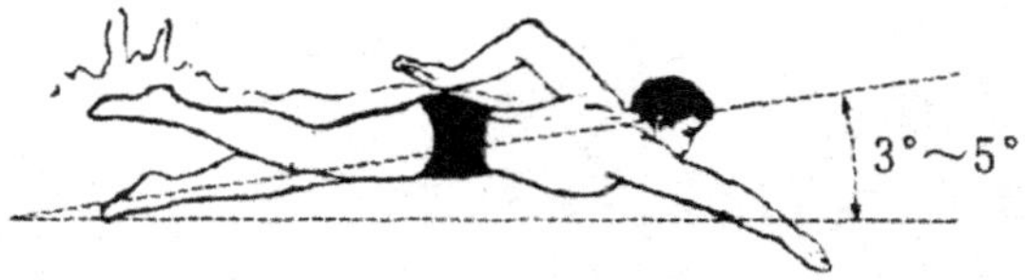

图 7-2-1　爬泳姿势侧图

整个身体围绕身体纵轴进行 35° ~ 45° 的有节奏的转动，如图 7-2-2 所示，其转动角度与游泳的速度成反比。需要强调的是这种转动是一种自然转动，随着转头呼吸和臂的动作，形成身体绕纵轴转动，在转动时，仍保持身体伸直姿势，避免左右摇摆。两腿打水应随着身体转动而做相应的方向变化。

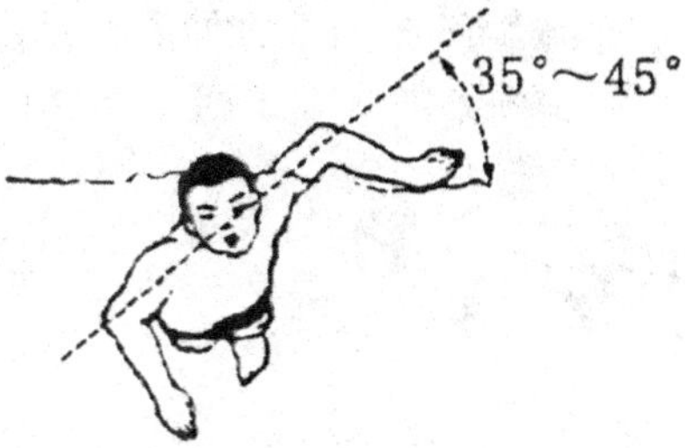

图 7-2-2　爬泳姿势转动图

（二）腿部技术

在爬泳进程中，大腿一方面可以推动身体前进，另一方面还可以维持身体的平衡，它抬高下肢同时与双臂协调配合完成游泳动作。如图 7-2-3 所示，腿的打水动作几乎与水平面呈垂直方向进行，从垂直面看，膝关节弯曲的角度大概为 160° ，两腿分开的距离约为 30 ～ 40 厘米。

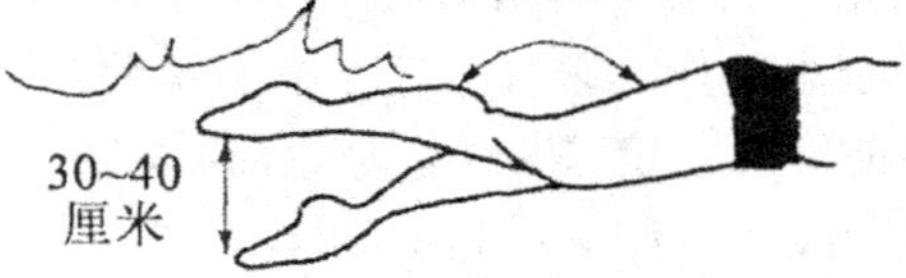

图 7-2-3　爬泳腿打水动作

此外还应注意，在游动的过程中腿部向下打水应高于身体在水中的最低部位，向上打水时，脚应接近水平。

当大腿向下打水到最低点并向上抬起时，小腿和脚与大腿仍保持一个角度并继续向下移动打水，直至完全伸直为止，小腿才随大腿向上移动，开始第二个循环动作。

（三）臂部技术

将爬泳的臂部动作进行划分，可以分为入水、抱水、划水、出水和空中移臂五个部分。

1. 入水

如图 7-2-4 所示，手臂的入水点一般在身体纵轴与肩的延长线之间。入水时要注意手低于肘部，手指并拢自然伸直，指尖对着入水的前下方或通过臂的内旋而使手掌向外，拇指向下，切入水中。

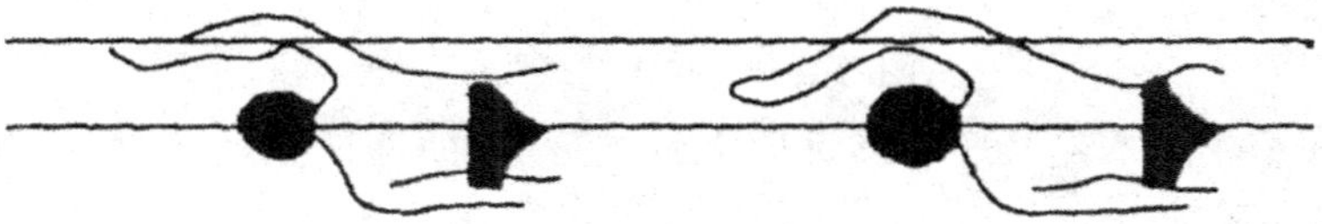

图 7-2-4　手臂的入水点

手切入水后，手和小臂继续向前下方伸展，手由向前一向下一稍向内的运动变为向前一向下一稍向外的运动（图 7–2–5）。

图 7–2–5　切入水后手和小臂的运用

2. 抱水

手臂入水后要进入有效的划水阶段，应保持与水平面约 40° 的夹角，因此，为了准备划水，应先抱水。抱水动作是手入水后，积极插向前下方，并逐渐开始屈腕、屈肘抱水，保持高肘为划水做准备。

3. 划水

手臂在前方与水平面呈 40° 角起之后方与水平面约呈 15° ～ 20° 角上的运动过程都是划水动作。它分为拉水和推水两个阶段：从抱水结束到划至与水面垂直之前称为“拉水”，过垂直面后称为“推水”。

拉水的动作流程及要领如下：

①保持高肘姿势，手向内一向上一向后运动。

②拉水结束时，手在体下接近中线，这时，肘关节弯曲的角度约为 90° ～ 120° ，小臂由外旋转为内旋，掌心由向内后方变为向外后方（图 7–2–6）。

③向后推水是通过屈臂到伸臂来完成的。在推水过程中，手是向外一向上一向后的运动。

④肘关节要向上、向体侧靠近，并且手掌始终要与水平面保持垂直。

图 7–2–6　拉水结束后的动作

在整个划水过程中，肩部应配合手臂进行向前一向下一向后的合理转动，这样有利于加长划水路线和加大划水力量。

4. 出水

划水结束后，利用肩带肌肉的力量，由肩带动前臂、肘向外上方提拉出水面。要求臂和手腕的肌肉要放松。

5. 至中移臂

臂出水后，由肩带动上臂、前臂和手做高肘快速移臂。整个移臂过程的前半部分是肘关节领先，前臂相对慢，后半部分前臂向前伸出做入水准备。

（四）完整配合技术

游自由泳时，呼吸、手臂和腿的配合比例主要有3种，分别是1∶2∶2（即一次呼吸，两次手臂动作，两次打腿的动作）、1∶2∶4和1∶2∶6。对初学者而言，6次打腿技术能能够很好地保持身体的稳定性及臂、腿的协调配合。

1. 两臂配合

爬泳若想保持匀速前进，两臂的正确配合极其关键。根据划水时两臂所处的位置，可以把手臂的配合技术（图7-2-7）分为3种，即前交叉、中交叉和后交叉。

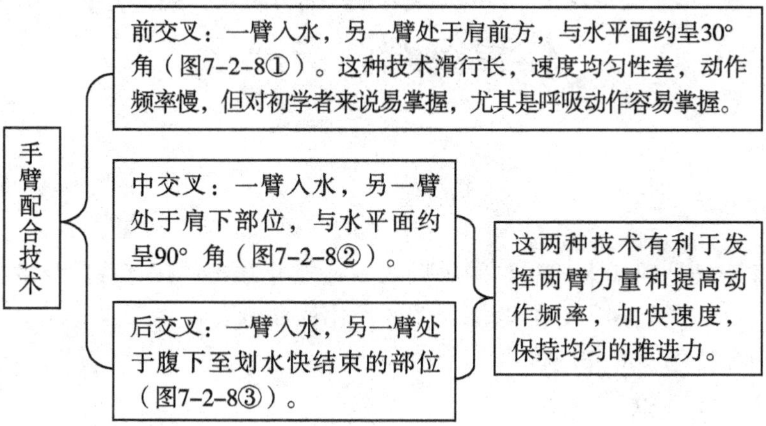

图7-2-7　前交叉、中交叉和后交叉

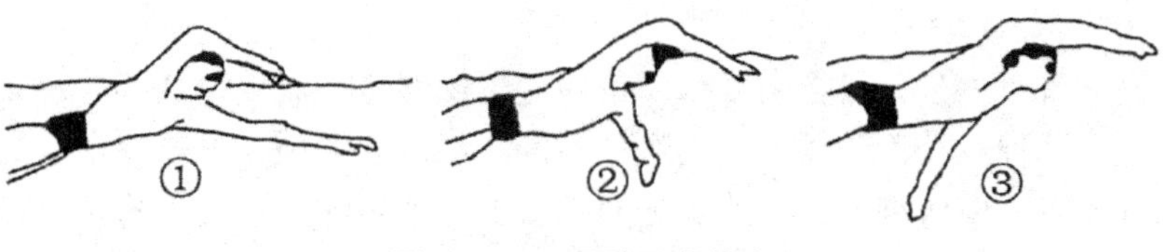

图7-2-8　手臂配合技术

2. 两臂动作和呼吸的配合

任何游泳活动都要涉及呼吸的问题，因为它对划水力量、速度和耐力的发挥有着重要的影响，爬泳有着复杂的呼吸技术。

爬泳时，两臂各划一次做一次呼吸。吸气时，头随着肩、身体的纵向转动转向一侧，使头在低于水面的波谷中吸气。此时，同侧臂正处在出水转入移臂的阶段。移臂时，头转向正常位置。同侧臂入水时，开始慢慢呼气并逐渐用力加快呼气的速度。

（五）其他注意事项

（1）饭后、酒后或剧烈运动后，不宜立即下水游泳。

（2）进行游泳锻炼运动量因人而异，一般来说应根据每个人的身体状况、气温、水温科学合理安排，以适度的疲劳感为宜。

（3）讲文明，要保证泳衣的干净卫生，自觉遵守泳场守则和维护公共卫生。

（4）由于水中有杂质和细菌，游泳者要注意预防眼、耳疾病。

（5）游完泳后，应在水中做全身放松运动，调整呼吸再出水。出水后，及时淋浴，擦干身体，注意保暖。

第三节　体质弱势群体健美操和体育舞蹈健身教学

一、健美操

健美操是现代人们所喜闻乐见的一种健身方式，其有着广泛的接受和学习人群，能起到很好的锻炼身体的作用，而健美操在形式上又分为大众健美操和特色健身操两种。

（一）大众健美操

1. 大众健美操的锻炼形式

（1）集体锻炼

许多健美操爱好者会自发组织集体健美操锻炼，通常以老年人及无业人员为主，这种运动不受场地、人数、性别、动作的限制，可以在音乐的伴奏下无拘无束地模仿练习，目前我国拥有参加健美操锻炼最庞大的人群。

（2）个人锻炼

与集体锻炼相比起来，个人锻炼在形式和组织上更随意，也更灵活。这种锻炼的主体多维个人或家庭。与其他形式的锻炼比较起来，这种锻炼显得不够专业化，很多情况下因为没有进行坚持而达不到一定的效果。

（3）健美操健身中心和健美操俱乐部

健美操健身中心和健美操俱乐部中有着各种不同的健身器械、健身指导员、健美操教练员及医务监督，固定的课表及丰富的教学内容，同时也是一种消费较高的锻炼形式，是一种文明程度较高的健美操锻炼形式，主要是为一些高薪阶层及经济条件较好的人群提供的集健美、娱乐于一体的活动场所。

2. 大众健美操的功能

（1）大众健美操的时代特点

近些年来随着经济的发展，健康越来越受到人们的重视。人们对体育的内容、手段和方法提出日益多样化的要求，而大众健美操以其热情奔放、节奏明快、动作舒展、优美有力，给人以蓬勃向上、精神振奋、尽情自我挥洒的驱动力，使运动者和观赏者都能感受到健与美结合的美妙境界，从 20 世纪 80 年代开始风靡全世界。

（2）大众健美操的自身价值

①大众健美操的身体锻炼价值。

A. 大众健美操因其在编排上从上到下，从左到右，小到指关节，大到髋关节都参与了进来，因而有着健身全面、均衡的明显优势。

B. 健美操锻炼对节奏和力度有所强调，有着适合普通人的动作频率和强度变化。在进行健美操的锻炼过程中，锻炼者往往以音乐的节拍为依据来进行肢体的活动，而带动相应的肌肉、关节和骨骼进行相应负荷的锻炼，从而提高身体各部分肌肉或组织的耐力、灵活性和速度等。

C. 大众健美操可以以不同锻炼者的不同目的为依据，进行灵活的有针对性的编排，在我国已形成了可以满足不同年龄、性别、身体状况的锻炼者需要的具有自己特色的健美操系列，并且在全面健身的基础上可以有所侧重，如减肥、增重、健胸、强腰等。

②大众健美操的心理保健价值。现代社会激烈的竞争，快节奏的生活步伐使人们的心理压力也越来越大，人们常常通过体育运动这种形式来对社会成员之间的心理、行为及人际关系等方面进行相应的调节，而相关的调查也表明，经常从事体育活动的人们也极其容易建立起积极的世界观和人生观，十分有益于人们形成健康的心理。

A. 身体和精神构成了人的存在，两者相互作用、缺一不可，健康的身体、充沛的活力和自信构成人们走向成功的基础，通过健美操锻炼可以使人们的体质得以增强，身体形态得到改善，自信心得到提高，精神面貌得以改变。

B. 在融体育、音乐、舞蹈为一体的综合性的健美操运动中，人们能够陶冶情操，净化心灵，提高精神面貌。健美操强筋骨、健体魄乃“健”之所在；形体姿态、动作、精神乃“美”之所求。此外，锻炼者在共同的锻炼活动中相互帮助、相互交流，增加感情交流，使其热爱生活，对未来充满信心。

C. 健美操具有心理调整和疏导作用。当人的整个身心融入健美操那欢快有力的节奏之中时，就忘却了一切烦恼和忧郁，感到自由伸展及活动后的振奋和愉快，使疲惫的心神得到有效的放松。

3. 大众健美操动作与组合

健美操常用的基本动作是其最具有典型性、代表性的动作，它们构成了健美操动作创新的基础。

大众健美操可以通过改变动作速度、动作幅度、动作节奏、动作方向及动作的开始姿势、结束姿势等方法来提高复杂性与难度。国内外在大众健美操上有着不同的风格，国内主要是以原地动作为主，然后配合身体其他各部位而进行的练习，而国外尤其是美国在大众健美操的动作上则更为注重基本步伐的组合和变化练习，而身体其他部位则有着较少的配合。从整体上来看，国外健美操在动作上更加具有自然性和随意性。

大众健美操作为目前发展身体全面素质较为理想的运动项目，对身体柔韧性和灵敏性的发展有着重要的积极意义，这里是一套大众健美操步伐的组合套路，分为初、中、高级，可以根据自身的能力进行选择和学习。以下组合全部从右脚开始，4 个八拍之后换反方向。

（1）初级

①第一八拍（图 7-3-1）

A 步伐：1 ~ 2 拍右脚向右侧并步，3 ~ 4 拍左脚向左侧并步，5 ~ 8 拍同 1 ~ 4 拍。B 手臂：1 拍、3 拍、5 拍、7 拍双臂屈臂侧举，2 拍、4 拍、6 拍、8 拍双臂收回体侧。

C 手形：自然手形。

D 面向：1 点。

图 7-3-1　第一八拍

②第二八拍（图 7–3–2）

A 步伐：1 ~ 4 拍易字步，5 ~ 8 拍 V 字步。

B 手臂：1 ~ 4 拍两大臂前举，大小臂夹角 90 度，第 5 拍右臂斜上举，6 拍左臂斜上举，7 ~ 8 拍五指张开胸前交叉一次，8 拍还原。

C 手形：1 ~ 4 拍拳，拳心向后，5 ~ 8 拍开掌。

D 面向：1 点。

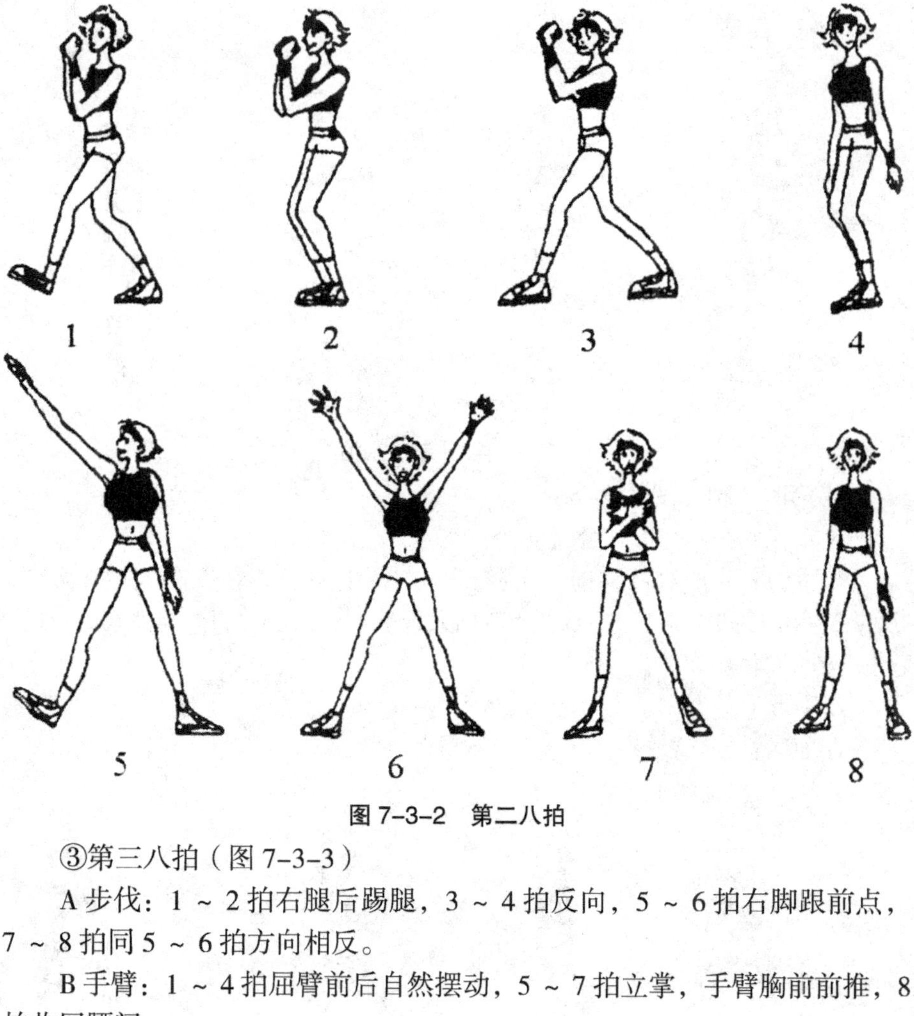

图 7–3–2　第二八拍

③第三八拍（图 7–3–3）

A 步伐：1 ~ 2 拍右腿后踢腿，3 ~ 4 拍反向，5 ~ 6 拍右脚跟前点，7 ~ 8 拍同 5 ~ 6 拍方向相反。

B 手臂：1 ~ 4 拍屈臂前后自然摆动，5 ~ 7 拍立掌，手臂胸前前推，8 拍收回腰间。

C 手形：1 ~ 4 拍拳，5 ~ 8 拍立掌。

D 面向：1 点。

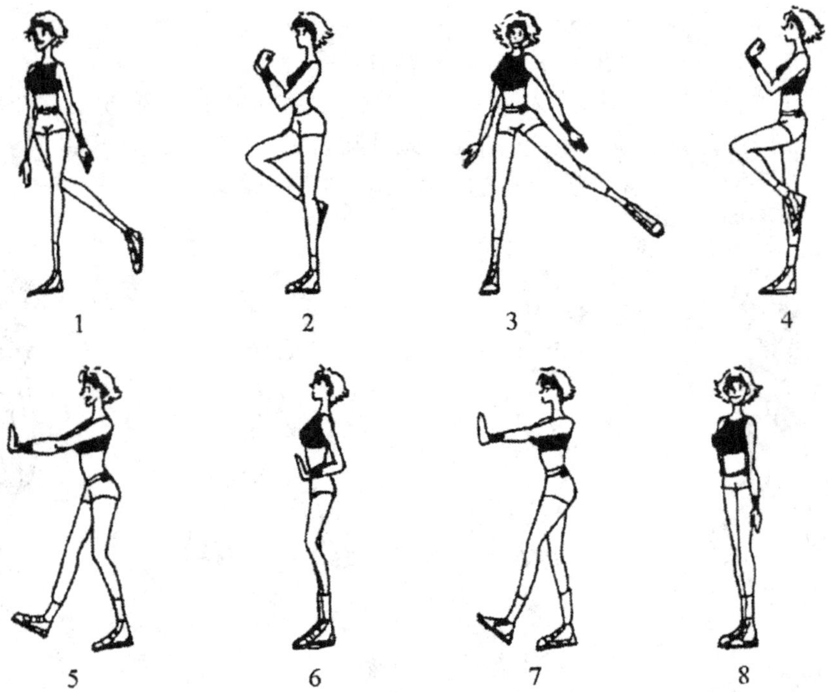

图 7–3–3　第三八拍

④第四八拍（图 7–3–4）

A 步伐：1 ~ 8 拍开合跳 4 个。

B 手臂：1 拍双臂胸前上下打开，左臂上举、右臂下举，2 拍动作相反，3 ~ 4 拍同 1 ~ 2 拍；5 拍、7 拍大臂端平，两小臂打开至水平，6 拍、8 拍双臂下举。

C 手形：并掌。

D 面向：1 点。

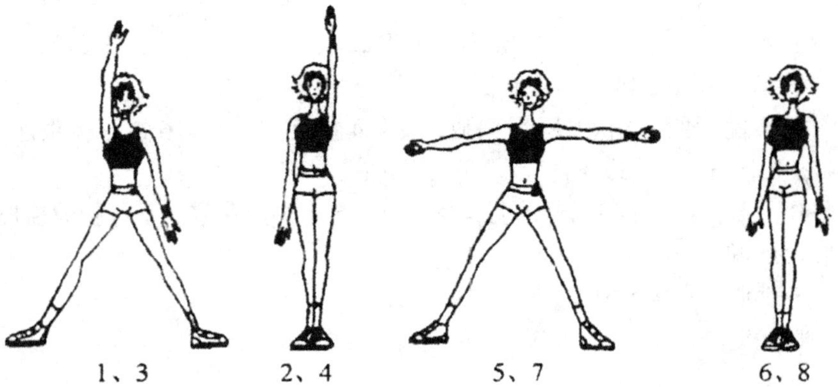

图 7–3–4　第四八拍

（2）中级

①第一八拍（图 7–3–5）

A 步伐：1 ~ 4 拍向右连续两次侧并步，5 ~ 8 拍反向。

B 手臂：1 拍右臂侧平举，左臂大臂端平，小臂与大臂重叠，五指并拢，2 拍反方向，3 拍、4 拍同 1 拍，5 ~ 8 拍同 1 ~ 4 拍，方向相反。

C 手形：并掌。

D 面向：1 点。

1、3　　2、4　　5、7　　6、8

图 7–3–5　第一八拍

②第二八拍（图 7–3–6）

A 步伐：1 ~ 4 拍 V 字步，5 ~ 8 拍反 V 字步。

B 手臂：1 拍右臂斜上举，2 拍左臂斜上举，3 ~ 4 拍胸前交叉两次，5 拍右臂斜下举，6 拍左臂斜下举，7 ~ 8 拍同 3 ~ 4 拍。

C 手形：1 拍、2 拍、5 拍、6 拍并掌，3 拍、4 拍、7 拍、8 拍开掌。

D 面向：1 点。

1　2　3　4　5　6　7　8

图 7–3–6　第二八拍

③第三八拍（图 7-3-7）

A 步伐：1 ~ 4 拍后踢腿两个，5 ~ 6 拍漫步，7 ~ 8 拍恰、恰。

B 手臂：双臂自然摆动。

C 手形：自然手形。

D 面向：1 点。

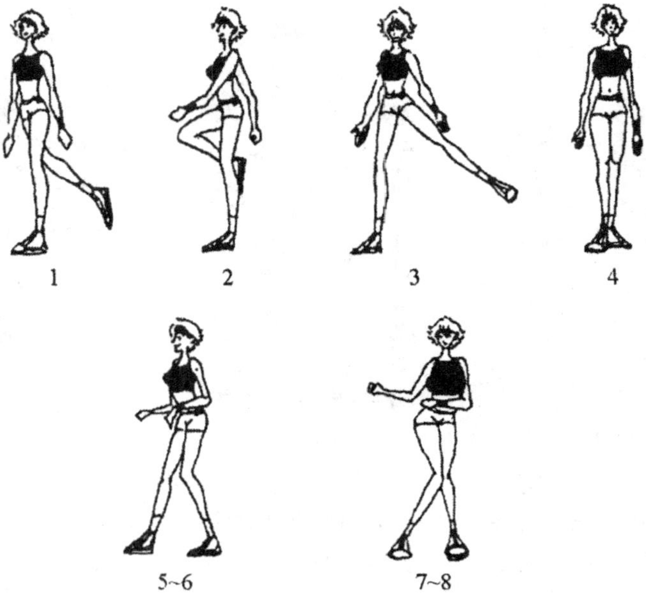

图 7-3-7　第三八拍

④第四八拍（图 7-3-8）

A 步伐：1 ~ 8 拍开合跳 4 个。

B 手臂：1 拍双臂侧平举，2 拍双臂收于体侧，3 ~ 4 拍同 1 ~ 2 拍。5 ~ 6 拍，7 ~ 8 拍手臂同 1 ~ 2 拍，3 ~ 4 拍。

C 手形：拳。

D 面向：1 ~ 2 拍 3 点，3 ~ 4 拍 5 点，5 ~ 6 拍 7 点，7 ~ 8 拍 1 点。

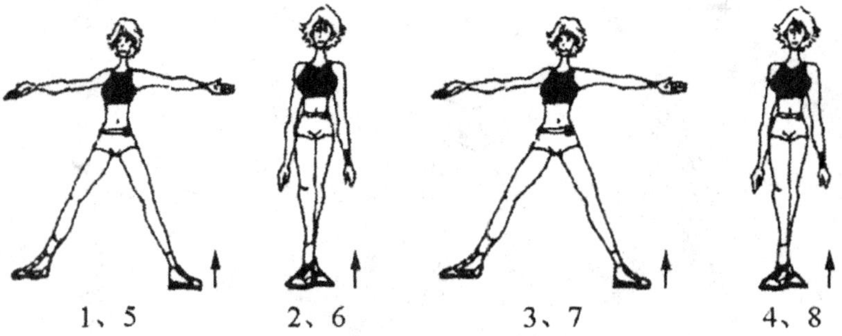

图 7-3-8　第四八拍

（3）高级

①第一八拍（图 7–3–9）

A 步伐：1 ~ 4 拍向右一个交叉步，5 ~ 8 拍反向。

B 手臂：1 ~ 4 拍双臂由体前经上举向右侧画圆至下举，5 ~ 8 拍反向。

C 手形：并掌。

D 面向：1 点。

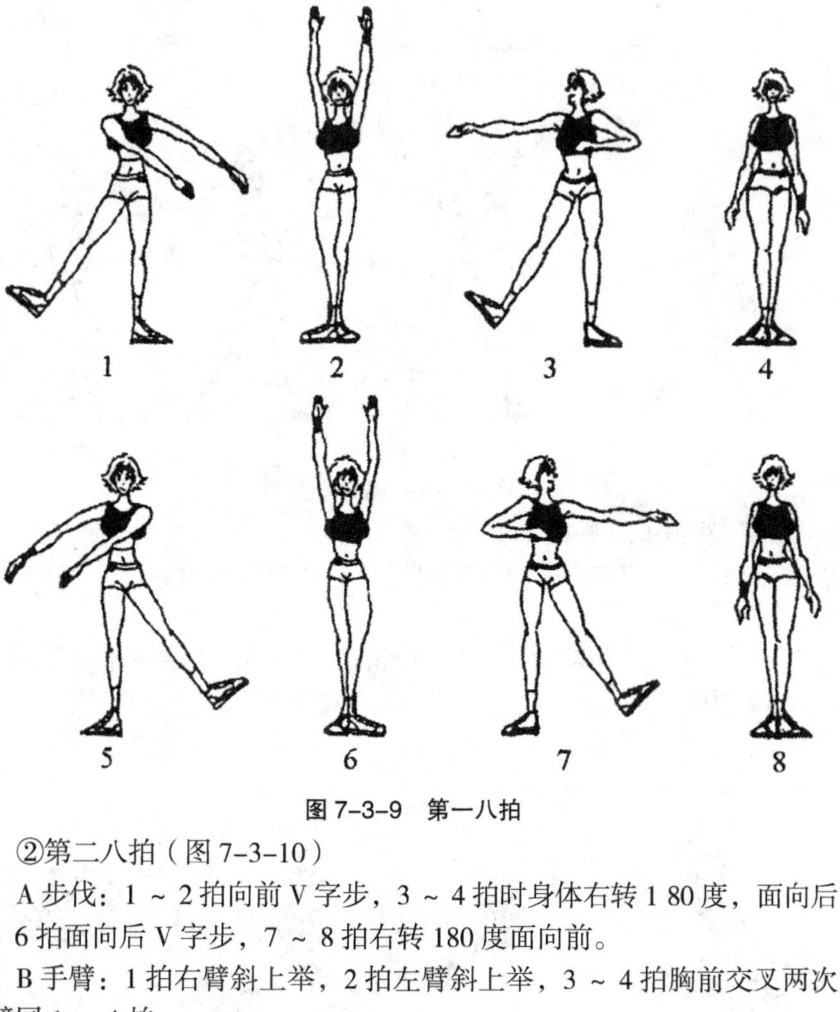

图 7–3–9　第一八拍

②第二八拍（图 7–3–10）

A 步伐：1 ~ 2 拍向前 V 字步，3 ~ 4 拍时身体右转 1 80 度，面向后；5 ~ 6 拍面向后 V 字步，7 ~ 8 拍右转 180 度面向前。

B 手臂：1 拍右臂斜上举，2 拍左臂斜上举，3 ~ 4 拍胸前交叉两次，手臂同 1 ~ 4 拍。

C 手形：并掌。

D 面向：1 ~ 2 拍，7 ~ 8 拍 1 点，3 ~ 4 拍，5 ~ 6 拍 5 点。

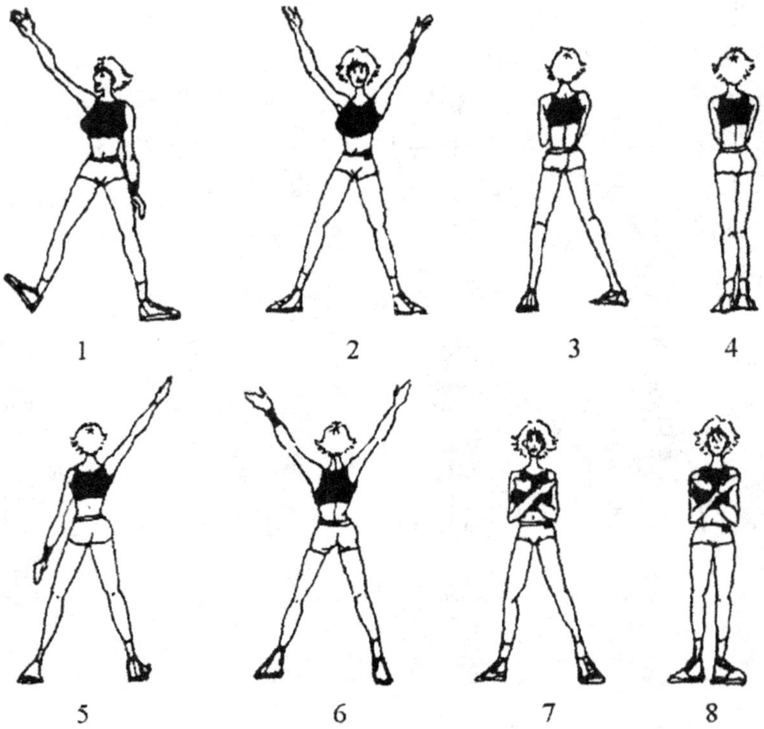

图 7-3-10　第二八拍

③第三八拍（图 7-3-11）

A 步伐：1 ~ 2 拍向右的侧漫步，3 ~ 4 拍恰、恰、恰。5 ~ 8 拍同 1 ~ 4 拍方向相反。

B 手臂：1 ~ 2 拍双臂屈于体前由右向左滑动，3 ~ 4 拍收于腰间，5 ~ 8 拍反方向。

C 手形：自然手形。

D 面向：1 点。

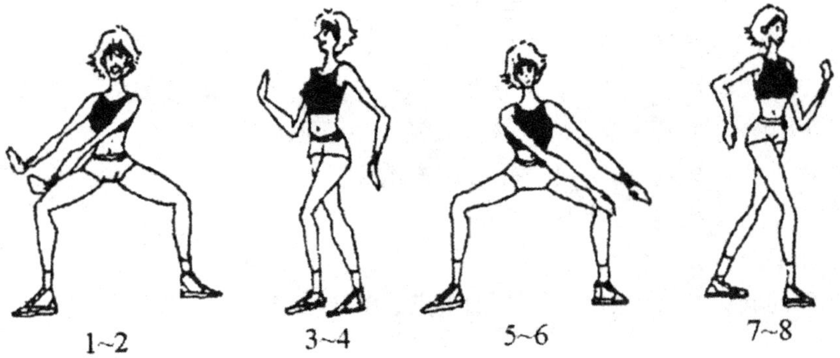

图 7-3-11　第三八拍

④第四八拍（图 7-3-12）

A 步伐：1 拍右脚向右迈步，2 拍提左腿，3 拍左脚脚跟点右前方，4 拍收腿，5 拍点左侧方 .6 拍收腿，7 ~ 8 拍脚尖点右后方。

B 手臂：1 拍右臂上举，左臂于体侧，2 拍右手触左膝，3 ~ 4 拍自然下垂，5 ~ 6 拍左手冲拳 .7 ~ 8 拍右手冲拳。

C 手形：1 ~ 4 拍自然手型，5 ~ 8 拍拳。

D 面向：1 点。

图 7-3-12　第四八拍

（二）特色健身操

1. 普拉提

（1）概述

在身体锻炼方面，西方人一向注重身体肌肉和生理机能的训练，而东方人着重呼吸和心灵集中的训练，1926 年德国的约瑟 · 普拉提吸取了东西方文化，创立了一种静力性的健身运动——普拉提训练法。这种训练法兼容了当时的心理学与生理学的相关研究成果，有着科学的理论，并在不断的发展过程中跟随时代的潮流进行了更为人性化的改善，如将现代的太极拳、瑜伽等内容和理念融入其中。

在训练方式上，普拉提运动充分借助自身体重，主要进行小重量、多次数的运动。在运动过程中主要采用鼻吸气、口呼气的呼吸法。

（2）普拉提练习的注意事项

①有效控制身体。练习时要尽力做到对自己的身体正确有效地控制，使动作能够达到所需动作幅度和力度，准确到位，保证锻炼效果。

②注意力要集中。在进行普拉提这项运动时要抛开一切烦恼，集中注意力，在做动作的过程中对身体的感受细细“聆听”。

③保持肌肉持久紧张。在练习时要注意提醒学生学会对需要练习的肌肉有意识地进行收缩，保持长时间的肌肉紧张，进行缓慢而有节奏的运动，能像深层按摩一样，帮助重新放松绷紧的肌肉，改善内在力量。

④动作要连续流畅。在进行练习时要保证动作的连续性和流畅性，无多余动作出现，速度要均匀，只有这样才能保证练习能够达到预想的效果。

⑤冥想。随着轻松而富有节奏的音乐，练习者躺在地板上静静冥想，对身体各部位的变化进行细细地感觉，想象可以对肌肉功效实现有意识地唤起，建立思想能够控制身体的运动理念。

（3）普拉提的组合动作

①侧卧单腿划圆。为了方便读者阅读，我们就普拉提运动的动作方法、要点及作用制作了表 7–3–1。

表 7–3–1　侧卧单腿划圆

侧卧单腿划圆	
	右侧卧，右臂屈肘，手掌托住头。左手置于胸腹前侧地面，起辅助支撑作用。
	双腿伸直并拢，收缩“核心部位”及臀腿肌肉。
方法	双腿屈膝，大小腿、大腿与躯干分别呈 90 度角，收腹，收臀。
	将左腿抬升至骨盆高度，向体前垂直伸膝，勾脚尖，脚跟远蹬，伸展腿后侧肌肉和韧带。
	左腿以大腿根部为轴，整条腿做顺时针的连续划圈动作。保持自然呼吸。
	要保持躯干、骨盆的稳定。
要点	确保双肩膀和骨盆都垂直于地面。
	动力腿划圈时，应保证是以其大腿根部为轴，速度一致，力度均衡，且要直膝、勾脚尖
作用	塑造臀部及大腿肌肉线条。

②天鹅戏水。天鹅戏水这一普拉提动作具体如表 7–3–2 所示。

表 7–3–2　天鹅戏水

天鹅戏水	
方法	俯卧，准备姿势同“单侧对飞”的准备动作。
	呼气，调动“力量库”的肌肉，将双臂、双腿正面及胸腔缓慢有控制地抬离地面。伸展脊柱，此时头作为颈椎的延长线，双眼望地面，收腹、收臀。
	吸气，提升右臂和左腿，再快速换异侧完成此动作，像拍水一样。
	吸气拍 5 次，呼气拍 5 次。
要点	四肢始终处于伸展状态，不要屈肘和膝关节。
	躯干与骨盆要稳定，臀部应夹紧。
	不要仰头亦不要垂头。
	拍打“水面”动作应均匀有力，幅度在 20 厘米左右。
作用	令周身血液循环、心率加速，强化心肺功能。
	使体温快速升高，调动周身肌肉，锻炼肩、髋关节。
	促进躯干稳定性提高，改善四肢的协调能力。
	提升对脊柱的保护能力。

③侧卧横摆腿。侧卧横摆腿的动作方法要领及作用如表 7–3–3 所示。

表 7–3–3　侧卧横摆腿

侧卧横摆腿	
方法	右侧卧，右臂屈肘，托住头部，左手于胸腹前伏地，起辅助支撑作用。
	双腿成“普拉提腿姿”，收缩“核心部位”及臀腿肌肉，整个身体侧向垂直地面。
	双腿向前移动 45 度角。再将左腿抬离右腿，至骨盆高度，仍维持“普拉提腿姿”。
	吸气，左腿水平向前摆动，伸展、直膝、勾脚尖，同时保持躯干与骨盆稳定。
	呼气，左腿水平向后摆动，伸展、绷起脚背。

续表

侧卧横摆腿	
要点	躯干和骨盆保持稳定且侧向垂直地面。
	动力腿应在骨盆高度上做水平摆动
作用	加强“力量库”的肌肉力量，有益于身体的平衡、控制能力。

④侧卧起身。侧卧起身这一动作的方法、要领及作用具体如表 7–3–4 所示。

表 7–3–4　侧卧起身

侧卧起身	
方法	右侧卧，右臂屈肘，手掌托住头，左手于胸腹前扶地，起辅助支撑作用。
	双腿伸直并拢，左腿屈膝，大小腿呈 90 度角，置于前侧地面，右腿直膝伸展。收腹、收臀，静止吸气。
	呼气，保持躯干和骨盆稳定，用右腿内收肌的力量，将右腿抬离地面，脚背放松。
	吸气，右腿缓慢回落地面。
	右臂伸直，右颊置于右臂上，身体其他部位位置不变。两肩上下垂直，收腹、收臀，右腿作躯干向下的延长线，静止吸气。
	呼气，骨盆保持稳定，用右腿内收肌的力量，将右腿抬离地面，同时腰侧肌肉将头和躯干抬离地面，右手辅助支撑，至左侧腰肌及右腿内收肌收缩到最大限度。
要点	左右肩膀上下垂直重叠。
	臀部夹紧，持续收腹。
作用	锻炼腰侧肌肉和大腿内收肌。
	改善腰部深层肌肉的结构。
	塑造大腿内收肌的形态。

2. 瑜伽

（1）概述

瑜伽是东方最古老的强身术之一，公元前起源于印度，在全世界流行。瑜伽一词由梵文 YOGA 音译而来，有和谐、统一、相应、结合的意思，本义是“相应”，即如何通过内省，自控身心，外观世界，与万事万物相协调，以取得精神上的一致和精神上的认识。瑜伽健身着力于使身心处于相对稳定、平衡的状态，是一种使心灵、肉体和精神和谐统一的运动方式。也是指个体与更宏大的某种事物之间的合一，也可称为“具有灵性的存在”。

瑜伽起源于古老的印度，古代的印度信徒对瑜伽体系进行了发展，因为他们深信通过运动身体和调控呼吸，完全可以实现对心智和情感的控制，保持身体的长久健康，圣贤从冥想中得到领悟，并通过口头的方式来传授瑜伽哲学，这使得最原始的瑜伽保留着某种神秘色彩。关于瑜伽的记载可以追溯到 1500 年前的一本名为《吠经》的印度经文合集，而考古学家在印度河流域发掘到一件描绘练习瑜伽冥想人物形象的陶器，距今至少已有 5000 年的历史。

在印度，瑜伽与婆罗门体系有着密切的关系，瑜伽可以通过将内在的自我与宇宙的无上合一，使人摆脱轮回的痛苦，烧毁轮回的种子，一切障碍都将不存在。而现在很难对瑜伽与印度教的关系进行区分，在寺庙中，在经书中，在生活中的许多方面，两者都是相互融合的。

从宏观角度来看，瑜伽是哲学，从微观角度来看，瑜伽是一种精神和肉体结合的运动。一般提到的瑜伽，是指练功方法，用来增进人们的身体、心智和精神的健康。

具体来讲，瑜伽的修习是通过瑜伽姿势、呼吸与调息、冥想等几大部分内容的多种锻炼方式，把散乱的精神集中并使之静定下来，学会控制身体活动及情绪。在瑜伽修炼过程中，修炼者逐渐使自己的内存精神得到深化，从外到内，从感觉到精神、理性，而后到意识，最后把自我同内在的精神融合为一，能够学到契合的身体锻炼方式及健康的生活方式。此外，瑜伽学说反对强加于人，它主张未经检验的东西不可轻信，也包括瑜伽本身。学瑜伽必须经过自身的体验来领悟真谛，是让修习者自愿地参与、尝试，通过一段时间练习之后再对其做出判断。

随着 21 世纪的到来，瑜伽作为人类精神遗产重新得到重视，瑜伽代表人体和精神的发展规律，对人体的各个方面，如生理、精神、情感等都起到良好的作用，并且有着极其广泛的适用范围，每一个人都可以练习瑜伽，不管年轻人，老年人还是身体有疾病的人，都可以通过不断地练习达到健身目的。瑜伽的成功在于它能够平衡人的神经系统和内分泌系统，从而能够使人体的其他系统也得到平衡。瑜伽姿势能够帮助人消除一天的劳累，放松身体，帮助人恢复体力。对大多数人来说，瑜伽能够让他们在紧张的、充满压力的现代社会生活中减轻压力，释放自我，从而保持身体健康。因此，瑜伽在世界上有着广泛的练习人群，被公认为一种最佳的运动形式。

（2）练习的注意事项

①练习地点。瑜伽对空间的要求有清洁、安静、空气新鲜，可以离开房间，选择露天的自然地，但避免在太凉或太热的地方或在阳光直射下进行练习。在室内练习时应注意空气的流通，并可以在旁边摆放绿色植物，铺上松软洁净的毯子，能轻松地保持站立，千万不能让脚下打滑，以防影响其稳定性。在练习有关坐式的瑜伽时，可以使用蒲席，这样可以有效地防止疲劳。

②练习时间。瑜伽练习的最佳时间是清晨的早饭之前，当然傍晚或是其他时间也可以进行练习，最好空腹或者完全消化以后进行练习。大体上是饭后 3 小时，或喝饮料半小时后。

练习者可以根据自身情况选择练习时间，争取每天都在同一时间内练习。练习瑜伽时，身体保持正常和安静状态，如果此时身体不适或有病状，尽量不要采用过于强烈的方法，也可以完全不进行练习。练习结束后的 30 分钟内，不进食、不洗澡、不做剧烈运动，以免破坏体内能量的平衡。

③练习的环境及服装。瑜伽练习应选择安静的环境，避免交谈，可以播放简单轻松的音乐，使身心专注、集中。服饰上可以穿着宽松的天然面料的服装，赤脚或者只穿袜子尽可能地简单、舒适、宽松。

④练习方法的准确性。瑜伽练习，必须要有正确的方法。作为一种完善的科学体系，如果不能按照规定去做，瑜伽练习就变成了无味的机械动作，和真正的含义背道而驰。虽然瑜伽的某些姿势是一些人无法完全达到的，但其练习的要领却是每个人都可以很好的掌握的，因而每个人都可以按照各自身体限度练习瑜伽，然后逐步增加力度和难度。

⑤练习后的休息。瑜伽的休息是一种冥想，在冥想中放松身体，感受获得的能量，也可以锻炼身心意志，感受自我的存在。具体来讲，瑜伽的休息有两种，如图 7–3–13 所示。

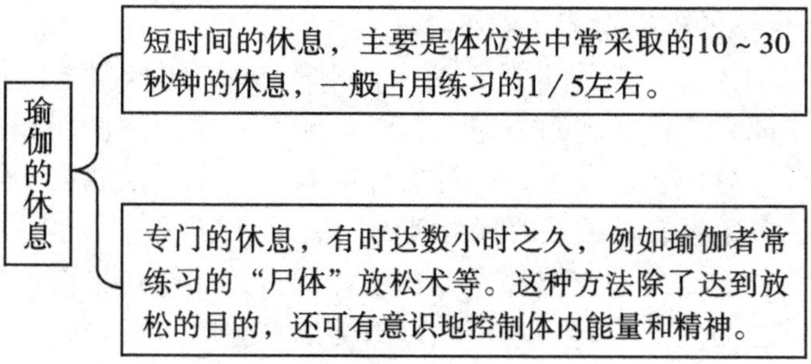

图 7-3-13　瑜伽的休息

二、体育舞蹈

（一）体育舞蹈概述

和其他舞蹈艺术一样，体育舞蹈是随着人类社会的演变和文化进程而发展的。其前身是社交舞，又称舞厅舞。14～15 世纪，在意大利出现了社交舞；16 世纪，社交舞传入法国。1768 年，巴黎开了第一家交际舞舞厅，从此社交舞逐渐成为西方社会一种普遍的社交方式。国际标准舞成为包括 10 个舞种的摩登舞（又称现代舞）系列和拉丁舞系列两大类。限于篇幅，本节将只讨论交谊舞。

（二）交谊舞

1. 基本知识

（1）舞程线（图 7-3-14）

大家在一个舞池中跳舞，如果没有规定的路线和方向，就要相互碰撞，秩序混乱。因此国际上规定，在舞池中，大家必须按照逆时针方向去跳，这个方向就叫作舞程线。

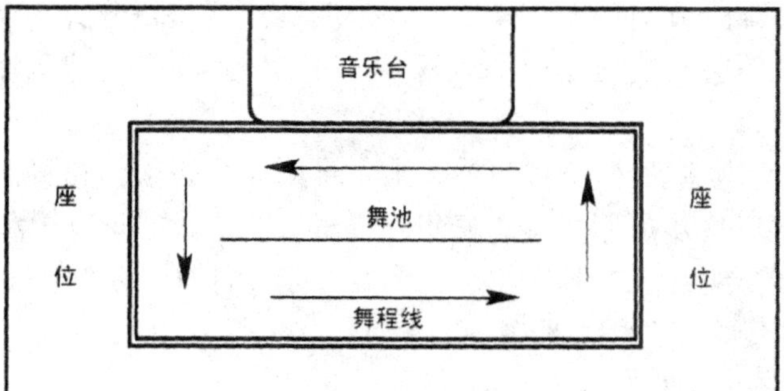

图 7-3-14　舞程线

（2）握抱的标准舞姿（图 7-3-15）

男女面对站立，两脚并拢，两人面对间隔 15 厘米左右，右脚尖正对对方两脚中间，头向各自一方左转 30°。男伴左臂向左曲肘斜上举，左手略高于肩 3 ~ 6 厘米，左手掌轻握女伴的右手，大拇指放在女伴大拇指和食指之间；右手轻轻贴放在女伴背部的左肩胛骨略下方。

女伴右臂向右屈肘与男伴左臂相平，四指并拢放在男伴大拇指和食指之间；左臂曲肘向上抬起，左手轻握男伴的右臂略近肩处，不要挂在男伴的右臂上。

图 7-3-15　握抱的标准舞姿

2. 慢三步

音乐：舞曲节拍是 3 / 4 拍。音乐演奏速度为每分钟 30 ~ 34 小节。音乐的特点是前一拍是强音（即蓬），后二拍是弱音（即嚓嚓），舞曲节奏清晰。

特征：基本舞步是每步一拍，第 1 步用大步必须踏在舞曲每小节的第 1 拍上，第 2、3 步可用小步。舞步配合着音乐，必须具有柔和的升降。

升降：步法升降，升在 1 末，降在 3 末，即第 1 步将完时升起（用足掌），第 3 步将完时用足跟降落。

（1）原地荡步（图 7-3-16）

男步：

①左足前进。

②右足前进。
③左足点地下落。
女步：
①右足后退。
②左足后退。
③右足点地下落。
第二小节（4、5、6），男走女步，女走男步，形成荡步。

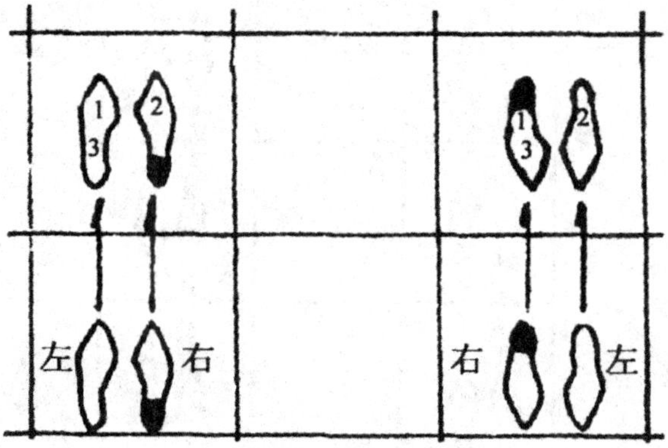

图 7-3-16　原地荡步

（2）直进步、直退步（图 7-3-17）
男步：
①左足前进一大步。
②右足前进一小步。
③左足并于右足。
④右足前进一大步。
⑤左足前进一小步。
⑥右足并于左足。
女步：
①右足后退一大步。
②左足后退一小步。
③右足并于左足。
④左足后退一大步。
⑤右足后退一小步。
⑥左足并于右足。
男走直退步时动作方法同女步，女走直进步时动作方法同男步。

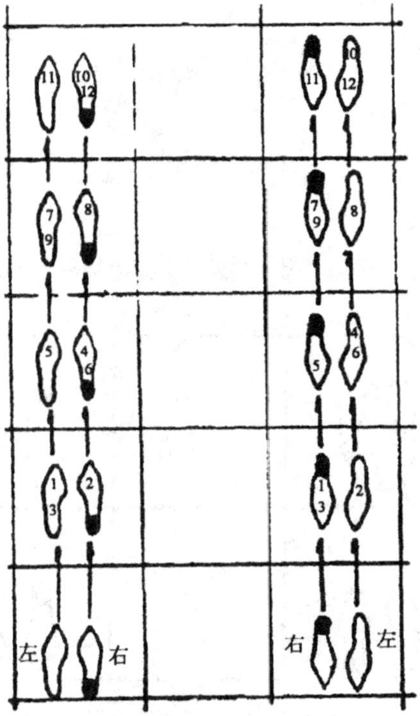

图 7-3-17　直进步、直退步

（3）外侧步进步、退步

预备步，男面向斜对舞程线，女背向斜对舞程线。

男步：（进步）（图 7-3-18）

①左足前进一大步。

②右足在左足前扣足左转 90°。

③左足并于右足或在右足前。

④右足在女伴右外侧前进一大步。

⑤左足在右足前扣足右转 90°。

⑥右足并于左足或在左足前。

女步：（退步）（图 7-3-19）

①右足后退一大步。

②左足在右足后成丁字步，同时左转 90°。

③右足并于左足或在左足后。

④左足后退一大步。

⑤右足在左足后成丁字步，同时右转 90°。

⑥左足并于右足或在右足后。

男走外侧退步时，动作方法同女步；女走外侧进步时，动作方法同男步。

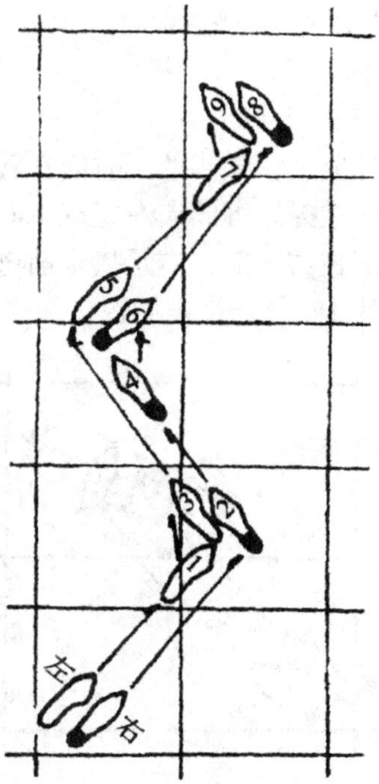

图 7-3-18　外侧步进步

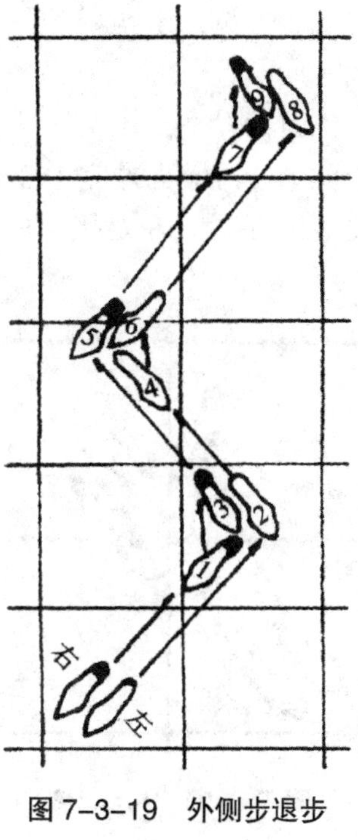

图 7-3-19　外侧步退步

（4）前进中的外侧180° 转接走前进步预备步是前进中的外侧步左侧结束步。

男步：（图 7-3-20）

①左足向女伴的左外侧上一大步的同时向左转。

②右足在左足前足前掌撑地继续向左完成180° 转。

③左足并于右足或落在右足前，右足接走前进步。

女步同男步后退中的180° 转接走后退步。

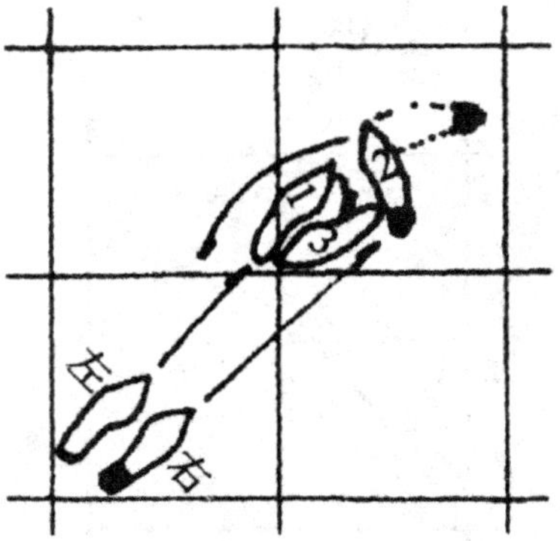

图 7-3-20　男步（1）

（5）后退中的180° 转接走后退步

预备步是后退中的外侧步左侧结束步。

男步：（图 7-3-21）

①右足后退一大步，同时向左转。

②左足向女伴两足中间上步继续向左完180° 转。

③右足并于左足或落在左足后，左足接走后退步女步同男步前进中的外侧180° 转接走前进步。

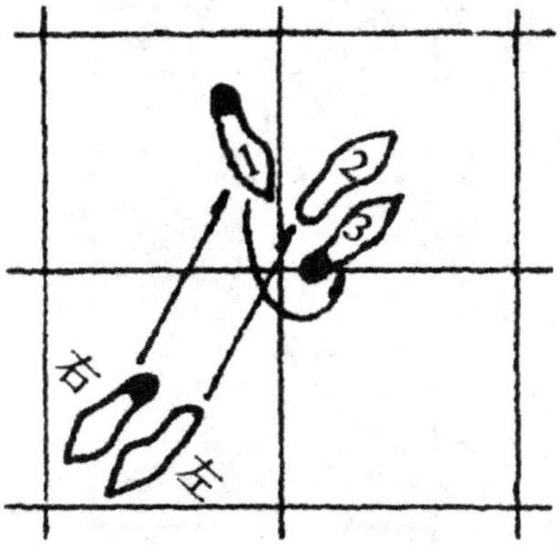

图 7-3-21　男步（2）

（6）前进中开位接走后退步

预备步是前进中的外侧步左侧结束步。

男步：（图 7–3–22）

①伴的左外侧上一大步的同时向右转。

②左足后，继续右转不超过 90°　。

③一小步，成开位姿势。

④一步。

⑤横步。

⑥左足，成合位姿势，左足接走后退步。

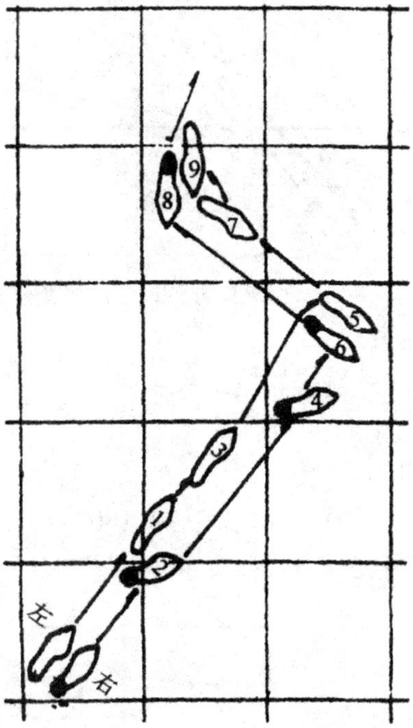

图 7–3–22　前进中开位接走后退步（男）

女步：（图 7–3–23）

①一大步，同时向右转。

②后退一小步，继续右转不超过 90°　。

③一小步，成开位姿势。

④前一步。

⑤横步。

⑥右足，成合位姿势。右足接走前进步。

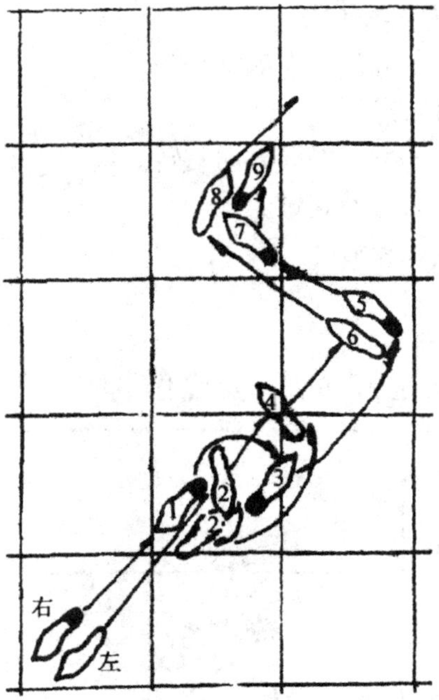

图 7-3-23　前进中开位接走后退步（女）

（7）后退中换前进步

预备步是后退中的外侧步右侧结束步。

男步：（图 7-3-24）

①退一大步，同时向右转。

②一小步，落在左足后继续向右完成 180° 转。

③右足或落在右足前，右足接走前进步。

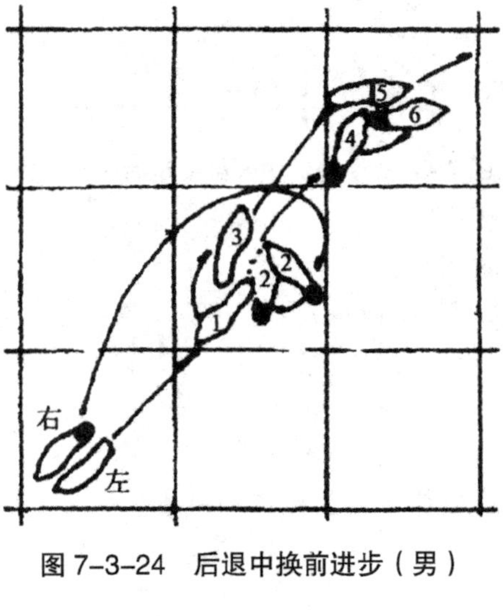

图 7-3-24　后退中换前进步（男）

女步：（图 7-3-25）

①伴右外侧上一大步，同时向右转。

②一小步，在右足前掌撑地继续向右完成 180° 转。

③左足或落在左足后，左足接走后退步。

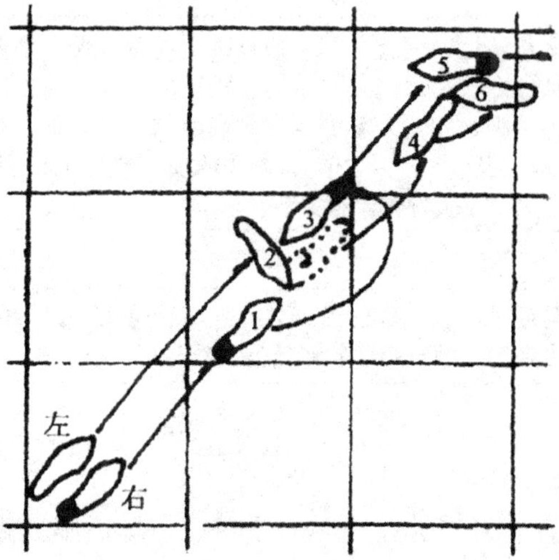

图 7-3-25　后退中换前进步（女）

第四节　体质弱势群体休闲娱乐健身教学

在长期的劳动生活中，我国人民发展出来了如跳绳、毽球、放风筝等形式多样的休闲娱乐健身运动。限于篇幅，本节仅以毽球为例展开讨论。

一、毽球运动概述

根据相关历史文献记载，踢毽子运动起源于我国的汉代，并盛行于六朝、隋唐时期。明清时期，踢毽子得到进一步发展。时至今日，踢毽子的活动极其广泛，特别是青少年参加者更为普遍。以北京为例，每遇城乡庙会，各路能手，步行相聚，观摩、比赛、培养新手，甚是热闹。

踢毽技术在普及的基础上得到了提高，各种踢法丰富多彩，高难翻新的动作层出不穷。此后，我国将踢毽子活动与西方体育运动中的排球、足球等项目相结合，推出了一项新运动——毽球。由此，踢毽子被赋予了竞技性，成为一项民族体育竞技项目。目前，毽球运动在我国南方地区开展较为广泛。

二、毽球运动技术

（一）准备姿势

踢毽球的准备姿势主要有平行站法和前后站法，如图 7–4–1 所示。

准备姿势

- 平行站法：两脚在同一条直线上左右开立，略宽于肩，两脚尖内收呈“内八字”形，两臂体侧自然前屈，后脚跟提起，脚趾扣地，着力点在脚掌内侧，身体重心前倾，大、小腿约呈100°～110°，两膝内收，膝关节面稍超出脚尖，肩关节垂直领先于膝关节。
- 前后站法：两脚前后开立，左脚稍跨出一只脚的距离，右脚在后，两脚跟提起。其他动作与平行三三法基本相同。

图 7–4–1　准备姿势

（二）发球技术

发球的技术动作环节包括抛球、击球、击球后随球跟进三个环节，具体如图 7–4–2 所示。

抛球

抛球要抛准、抛稳，将球垂直抛于体前固定高度和位置，力量要适当。抛球是整个发球动作的基础，对于初学者来说，它是极为重要的基础环节。

⇩

击球

击球要准确、有力、脚法固定、击球点准确。在熟练的基础上，对不稳定的抛球，做适当的调整，因此它是发球的关键环节。为保证击球后动作的完整，需要在击球后身体保持一个惯性随上动作。

图 7–4–2　发球技术动作环节

（三）踢球技术

用膝关节以下部位击球称为踢球，它是运动员用脚的某一部位将球击向预定目标的技术动作。常见的踢球方法有脚内侧踢球、脚外侧踢球、正脚背踢球等。

1. 脚内侧踢球

左脚支撑，右大腿带动小腿屈膝上摆，同时膝关节外张，小腿上摆，击球的一刹那踝关节内屈端平，用脚弓内侧把球向上踢起（图 7-4-3）。

图 7-4-3 脚内侧踢球

2. 脚外侧踢球

左脚支撑，右大腿带动小腿，膝内收，小腿向体外侧上摆，击球的一刹那勾足尖，踝关节外屈端平，用脚背外侧把球向上踢起（图 7-4-4）。

图 7-4-4 脚外侧踢球

3. 正脚背踢球

脚背踢球方法有脚背屈踢、脚背绷踢、脚背直踢三种，具体如表 7-4-1 所示，共同点是单脚支撑用脚趾或脚趾跟部踢球（图 7-4-5）。

图 7-4-5 正脚背踢球

表 7-4-1 脚背踢球方法

	种类样式	动作要领
正脚背踢球	脚背屈踢	屈踝，右脚大腿带动小腿，屈膝屈踝上摆，脚背与地面平行，以大腿上摆力量把球踢起。
	脚背绷踢	脚背上绷，右腿膝微屈，脚微直，自然放松，当球下落到离地面 10 ~ 15 厘米时，脚插进球底部小腿用力，同时屈踝绷腿把球向上踢起。
	脚背直踢	右脚大腿带动小腿屈膝向前摆，脚背绷直，扣脚趾，击球时小腿迅速前摆。

（四）触球技术

用膝关节以上除手臂以外任何部位击球称为触球。触球的方法有腿触球、腹触球、胸触球、肩触球和头触球五种。

1. 腿触球

左脚支撑，右腿屈膝大腿带动小腿上摆，当球下落到略低于髋部时，用大腿的前半部分（靠膝部）触球（图 7-4-6）。

2. 腹触球

对准来球屈膝略向后蹲，稍含胸收腹，当腹部触球的一刹那稍挺腹，如来球过猛，也可以挺腹，使球轻轻弹出（图 7-4-7）。

3. 胸触球

两脚自然开立，当球传到胸前约 10 厘米时，两臂自然微屈，两肩稍用力向后拉，挺胸，同时两脚蹬地，身体挺起，用胸部触球（图 7-4-8）。

图 7-4-6　腿触球

图 7-4-7　腹触球

图 7-4-8　胸触球

4. 肩触球

两脚自然开立对准来球，当球传到肩前约 10 厘米处时，肩稍后拉前摆，用肩部击球（图 7-4-9）。

5. 头触球

两脚自然开立，当球传到头前约 10 厘米时，两脚蹬地，同时颈部稍紧张向前摆头，用前额触球（图 7-4-10）。

图 7-4-9　肩部击球

图 7-4-10　前额触球

第五节　体质弱势群体太极拳与软式排球健身教学

一、太极拳

（一）太极门

“太极”一词源出《周易》：“易有太极，是生两仪”，“太”就是大的意思，“极”就是开始或者结束的意思。太极拳以其变幻无穷的该拳种拳法而用我国古代的“阴阳、太极”这一哲学理论来对其拳理进行解释，并进一步命名。

太极拳不仅是中华武林的奇葩，还是东方文化的瑰宝，其发展以明末清初的陈氏太极拳为基础，进而演变发展出了广传海内外的陈氏、杨氏、武氏、吴氏、孙氏等诸多流派。太极拳不仅是一种集强身、健体、益智、修性和技击为一体的运动方式，其中还蕴藏着深刻的哲学内涵，如它在武术中融入我国传统的阴阳、动静、正反、有无、形神等对立统一的宗教、哲学、伦理、武学、医学、艺术等精神资源，符合人体运动规律的演练形式，具有强身健体的作用，体现了中华民族生生不息的活力，也得到世界各界的关注。

太极拳作为中国传统文化的传统象征，构成了我国对外交流的重要桥梁和纽带，有着极高的社会文化价值和武术价值，对提高人类生活质量、弘扬我国传统文化、弘扬民族传统美德、增强社会凝聚力、构建和谐社会具有重要要意义，而在长期的发展演变过程之中形成了具有许多不同风格和特点的传统流派。

1. 陈氏太极拳

太极拳之首——陈氏太极拳古老的拳种，其他多数流派的太极拳（如杨式、吴式、武式、孙式）跟陈式太极拳有一定的渊源关系，有着以下运动特点。

（1）显刚隐柔，刚柔相济，动作螺旋、缠绕，手法多变，快慢相间。

（2）呼吸讲究丹田逆转，运用腹式呼吸法。

（3）架势宽大，并有跳跃、震脚和发劲动作。

陈氏太极拳分老架和新架两种，具体如图 7–5–1 所示。

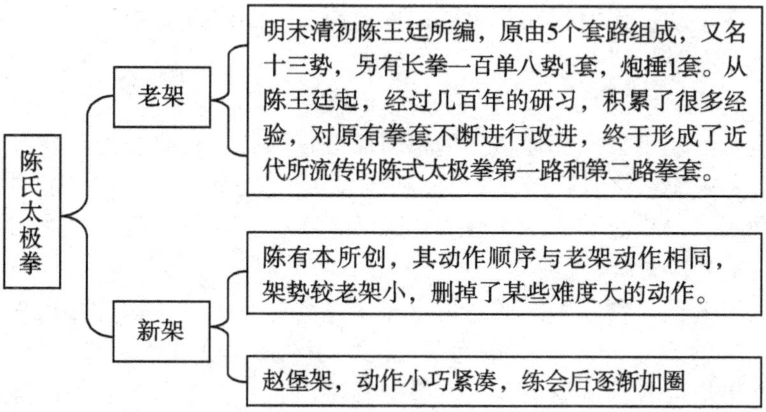

图 7-5-1　陈氏太极拳

2. 杨氏太极拳

河北永年人杨露禅开创杨氏太极拳，杨露禅幼年在河南温县陈家沟做家童，师从陈长兴，学成之后返回家乡，后又到背景教授拳艺，在当时的北京号称“杨无敌”，其拳艺传子孙后代，最终由孙子杨澄甫修订大架子，成为目前流行的杨氏太极拳。1956 年前后，国家体委以杨澄甫拳架为蓝本，组织编写了 24 式简化太极拳，进行推广并受到欢迎。

杨氏太极拳其特点是：拳架舒展简洁；身法中正，动作和顺，由松入柔，刚柔相济，速度均匀，一气呵成，轻盈沉着兼而有之，形成独特的风格，能自然地表现出大气、形象美的风格。

3. 吴氏太极拳

吴鉴泉以杨式小架太极拳为蓝本进行逐步修订，又经改进修润而形成吴式太极拳。吴鉴泉之父曾师从杨氏太极创始人杨露禅学习拳艺，后又拜杨之次子杨班侯为师。吴式太极拳分南北两派。南派为吴鉴泉宗师的传承，其传人主要有吴公藻、吴公仪、吴英华、马岳梁等。北派为王茂斋宗师的传承，其传人主要有赵铁庵、杨禹廷等，再传有赵安祥、李经梧、王培生等。

吴式太极拳分南北两派，其特点是：以柔化著称，动作轻松自然，连绵不断，拳式小巧灵活，功架紧凑、安静自然、招式严密、细腻绵柔，符合太极阴阳理论。

4. 武氏太极拳

清末河北永年人武禹襄初从师杨露禅，学习陈式太极拳、赵堡太极拳，后以此为基础，根据练功方面的感悟创编武氏太极拳。武氏太极拳是一种适合文人修炼的太极拳，拳式小巧紧凑，集强身、防身、修身为一体。其特点是：其运动姿势和动作紧凑舒展，运动步伐上比较严格并且虚实分明。

此外，在运动过程中胸部及腹部在进退旋转中始终保持中正，出手不过足尖，且左右手各管半个身体。

5. 孙氏太极拳

清末河北定县人孙禄堂先生精通形意、八卦，初向郝为真学习太极，后综合各家拳法之长，融会贯通，独创孙氏太极拳。孙氏太极拳的特点是进步必跟、退步必随，动作敏捷、圆活紧凑，犹如行云流水，连绵不断，每左右转身以开合相接。

太极拳运动在新中国成立后得到了蓬勃的发展，从 20 世纪 50 年代开始，国家体委组专家陆续编写了 24 式太极拳、42 式太极拳、88 式太极拳。又将流传较为广泛的各式太极拳整理出版。太极拳在国外也得到广泛传播，受到各国人民的喜爱。

（二）太极的健身属性

太极拳具有轻松柔和、连贯均匀、协调完整、身体各部分之间紧密配合，一动无不牵动全身之感的特点，有着益身养气、固肾健脾、通络经脉、养筋骨、强关节的防治疾病和强身健体的功效，它对人体生理功能起到积极的促进作用，具体表现在以下方面。

1. 平衡阴阳，调和气血

太极拳遵循人体阴阳五行运动的规律，通过经络的感应传导来调节脏腑器官的机能活动，从而达到养生保健的作用。经络是人体气血运行的通道，在人体中沟通表理上下，联系脏腑器官，通行气血，濡养脏腑组织，与人体的生理病理有着密切的关系。太极拳在练习方式上各式各样，但殊途同归，其根本目的都在于对内气的锻炼，其防病治病、强身健体的作用在于运行内气以使十二经脉、奇经八脉、大小周天得以贯通。

2. 对神经系统的影响

有机体通过神经系统来感受刺激，进而产生和传导兴奋，进而实现对机体的调控，由此，神经系统可以称得上是支配人体一切活动的“司令部”。在控制和调节机体的活动中，神经系统通过各种感受器官来对周围外在的和身体内在的环境的各种刺激信息进行接收，再在周围神经系统的作用下传达到脊髓和大脑，通过各级中枢的整合来控制和调节人体的各系统。太极拳运动对运动者大脑皮质兴奋与抑制转换机制的调节是通过练习者在练习过程中保持体松、心静和意识主导来实现的。

3. 对心血管系统及免疫系统的影响

人体循环系统是一套包括血脉系统和经络系统的封闭系统，存在于人体的内部。人体的循环功能在于以下两点。

（1）将营养物质、氧气和激素，以及各种能量不断地输送到全身的各系统和组织细胞，以滋补营养和补充能量。

（2）将机体内的代谢产物如二氧化碳和尿素等分别送到相应的器官，进而从身体内排出，从而维持人体的正常生命活动。

在体液方面，练习太极拳能够有效提高血液酸碱平衡能力，使得血小板黏聚性，血浆黏度和纤维蛋白元含量得以有效降低。实验证明，太极拳可以明显改善和提高心脏功能。

此外，太极拳运动强度小，是一种缓和性的有氧练习，可以增强机体副交感神经活性，降低交感神经的活性及机体对应激的敏感性，从而使得机体的免疫功能得到改善。同时，无氧代谢成分较少，这使得机体产生的乳酸也少，从而不会感到疲劳。而相关研究证明，长时间、低强度运动能够有效增加血管弹性扩张系数，加速排空主动脉，改善微循环。

4. 对运动系统的影响

人体的骨、骨连结和骨骼肌组成了人体的运动系统，并且三者紧密联系，对人体起着以下作用。

（1）支持体重，构成人体基本外形。

（2）使人体能够在空间进行正常的移动，对人体各部分及整体上的姿势和位置起到维持作用。

（3）保护脑髓和内脏器官，协调内脏器官活动。

太极拳运动强调内中轴引动外中轴，然后依次带动各个关节，使人体内外进行轻松、慢、圆的整体性武术运动，从而刺激人体各系统，增强其协调性、力量和柔韧性得，进而加强关节和骨骼的平稳性和固定性，保证骨骼和关节的正常活动。

此外，还平衡了水盐、调节了体温，使毛细血管和毛孔畅通，增强了皮肤的分泌、排泄、湿润、感觉等能力，将皮肤练得松柔、细嫩、光滑有弹性。

太极拳产生合理的运动负荷，系统全面地锻炼了人体的关节、骨骼和肌肉，增强了骨骼的新陈代谢，增厚了骨密质，使得骨径增粗，骨小梁的排列更加整齐规律。在太极拳练习中配合桩功、静功练习，将起到事半功倍的效果。

二、软式排球

（一）软式排球的锻炼价值

1. 健身价值

软式排球作为一项老少皆宜的体育运动，有着极高的健身价值。

对于处于身体发育成长关键时期的少年儿童来说，软式排球运动中有大量适其开展的形式和内容，在对其走、跑、跳、投等基本活动能力上有很大的帮助，对少年儿童身心健康具有特殊的锻炼价值，是少年儿童体育活动的重要内容和手段。

对处于身体发育趋于完成的青年人来说，软式排球锻炼可以大大增强其身体素质，并且这项运动趣味性强，对青年人各项素质发展有着积极的作用。

人到中年时期，往往工作紧张，家庭的负担较沉重，是人生中的“负重期”，参加软式排球互动，在运动量、运动时间上都可以自如调节，有利于机体的新陈代谢平衡，防止疾病发生。

软式排球质地软、动作难度小、伤害少，对老年人而言也是一项不错的运动，通过这项运动，老年人可以使自己的头脑和手脚保持灵活，调节精神，当然应注意选择一些运动量较小的运动形式。

2. 娱乐价值

科学技术的日益进步带来生产力的日益发展，这使得现代人工作之余的闲暇时间增多，而软式排球运动具有很强的趣味性、娱乐性，并且简单易行、老少皆宜，可以使人们的闲暇时间过得有意义，如公司举办软式排球活动，可以提高公司各个部门人员的交流，增强整体的凝聚力。

3. 促进个体心理健康发展

现代社会竞争激烈，人际关系也与以往不同，这都对社会成员的个性心理品质提出了较高的要求。而人们在软式排球运动中可以充分放松自我，在运动激发的激昂情绪中感到自由、自主，从而产生一种快乐的情绪情感。可以说软式排球运动对现代人紧张忙碌的工作生活是一种调节，人们可以在运动中忘却生活中的烦恼，宣泄情绪，疏通情感。此外，在软式排球比赛中，人们还会学会正确地对待失败与成功，认识和发挥自己的潜力，使自己的意志品质得到很好的磨炼，在比赛中获得友谊。

（二）软式排球的基本技术

1. 准备姿势

准备姿势是在进行移动和各种击球动作前所做的合理的准备动作。软式排球运动中的准备姿势可以为移动和击球做好准备，为更快捷地移动和准确地击球创造条件，是软式排球完成各种技术和组成战术的基础。由于软式排球球速较慢，所以软式排球运动中的准备姿势一般采用重心比硬排球稍高的稍蹲姿势，身体重心稍靠前，肌肉保持一定的紧张度。软式排球各种击球技术动作前都有其特定的、专用的准备姿势。

准备姿势根据身体重心的高低可分为：稍蹲准备姿势、半蹲准备姿势两种。稍蹲准备姿势一般用于来球速度较慢、弧度较高的传球、垫球或击球前的助跑。半蹲准备姿势主要运用于防守和拦网。

（1）准备姿势动作方法

①稍蹲准备姿势技术动作方法：两脚前后或平行开立，比肩稍宽，脚尖朝前或适当内收，两漆内扣，身体重心稍低、靠前，膝关节保持一定的弯曲，两臂放松，肘关节自然下垂，双手置于腹前，注视来球，两脚微动，全身处于待发状态。

②半蹲准备姿势技术动作方法：两脚前后或平行开立，比肩稍宽，脚尖朝前或适当内收，两膝关节弯曲程度大，两肩的投影线超过膝部，膝部的投影线落在脚尖前，脚跟稍提起，上体前倾，重心靠前，其余动作方法与稍蹲准备姿势相同。

（2）准备姿势技术分析

①脚跟稍提起，两脚稍内收，膝关节保持一定的弯曲，便于向各个方向进行快速有力的蹬地。

②身体前倾，重心靠前，便于向前或斜前方蹬地，接起较低的来球。两臂弯曲，手置于腹前，利于伸臂接各种弧度和不同方向的来球以及移动时的摆臂。

③两膝两脚保持微动，可使神经系统处于良好的兴奋状态，便于肌肉快速收缩，完成快速起动。

2 发球

软式排球比赛以发球作为开始。而发球则是软式排球技术中唯一不受他人制约的技术。发球是队员在发球区由自己抛球，用一只手将球击入对方场区。软式排球规则要求“发球队员必须在肩以下部位将球出（下手发球）。”即发球时击球点不能与肩平或超过肩关节的高度。下手发球是软式排球的特点技术之一。本节主要介绍下手发球技术。下手发球技术有正面下手发球和侧面下手发球两种，其中主要下手发球动作方法如图 7–5–2 所示。

准备姿势

面对球网，两脚前后开立，左脚在前（以右手击球为例），两膝微屈，重心落在后腿，左手持球于腹前。

↓

抛球

左手将球轻轻抛起在体前右侧，高度离20～30厘米。

↓

击球

抛球的同时右臂伸直以肩为轴向后摆动，借助右腿蹬地的力量，身体重心随右手向前摆动击球而移至前脚，在腹前以掌根或虎口击球的后下部。击球时手指、手腕适度紧张，亏球后随即入场。由于软式排球球体较软，挥臂速度应快一些，以增加击球的力量。

图 7-5-2　正面下手发球动作

发球必须注意几点，如图 7-5-3 所示。

发球注意事项

- 控制力量。因软式排球球体较软，挥臂速度要稍快一些，以增加击球的力量，但击球的力量要控制好。
- 抛球稳。将球平稳地抛起不旋转，每次抛起的高度和距离都应基本固定。抛球不稳是影响击球准确的主要原因。
- 击球准。击球是发球的关键，击球的好坏直接影响到发球的质量，要以正确的手形掌根击球的相应部位，用力的方向与球的飞行方向一致。

图 7-5-3　发球注意事项

3. 垫球

垫球主要用于接发球、接扣、吊球及接拦回球，有时也用来组织进攻，具体来讲是用单手或双手手臂或手的坚硬部位，由球的下方向上击球的技术动作。垫球分为正面双手垫球和侧面双手垫球，限于篇幅这里主要讨论正面双手垫球。

正面双手垫球是双手在腹前垫击来球的一种垫球方法。其基本垫球动作如图 7-5-4 所示。正面双手垫球的基本手形有抱拳式、叠掌式和互靠式（图 7-5-5）。正面双手垫球按来球力量大小可以分为垫轻球、垫中等力量球和垫重球，具体如表 7-5-1 所示。

图 7-5-4 基本垫球动作

图 7-5-5 垫球手形—抱拳式、叠掌式和互靠式

表 7-5-1 垫球

	垫球种类	具体的动作姿势
垫球	垫轻球	半蹲或稍蹲姿势站立面对来球，双手成垫球手形。当球飞到腹前约一臂距离时，两臂夹紧前伸，插入球下，同时配合蹬地、跟腰、提肩、顶肘、压腕、抬臂等全身协调动作迎向来球，身体重心随着击球动作向前上方移动。击球点保持在腹前高度。用前臂的手腕关节以上 10 厘米左右的两小臂桡骨内侧所构成的平面击球的后下部。在击球瞬间，两臂要保持稳定，身体重心继续协调地向抬臂方向伴送球。垫击动作结束后，立即松开双臂做好下一动作的准备。
	垫中等力量球	准备姿势、击球点和手形与垫轻球相同。来球有一定力量，因而手臂迎击球动作的速度要慢，手臂要适当放松，主要靠来球本身的反弹力将球垫起。击球时要运用蹬地、跟腰、提肩压腕、向前抬臂的动作击球的后下部。
	垫重球	采用半蹬或低蹲的准备姿势，两臂放松置于腹前。击球用力时，由于来球速度快，力量大，触球后球体自身的反弹力也大，因此应采用含胸收腹的动作，帮助手臂随球后撤并适当放松肌肉，以缓冲来球力量。同时用手臂和于腕动作来控制垫球的方向和角度。击球的手形和部位，应根据来球的情况而作变动。当击球点稍高并靠近身体时，仍可用前臂垫球；当击球点低而距身体较远时，就要用屈肘翘腕的动作把球垫在手腕部位的虎口处。

4. 挡球

当球较高、力量较大、不便于利用传球时应用挡球技术，挡球要保持前臂放松，两肘朝前，手腕后仰，用掌外侧和掌根组成的平面挡击球的下部。击球的一瞬间，手腕用力要适度，击球点要保持在额前或两则肩上。挡球包括双手挡球、单手挡球。

（1）双手挡球

双手当球技术要求：手臂屈肘上举，肘部朝前，手腕后伸，以手掌外侧和掌根所组成的平面挡击球的后下部。击球瞬间，手腕要紧张，用适度的力量将球向前上方挡起，击球点一般在脸额或两肩的前上方，如图7-5-6左图所示。

（2）单手挡球

单手挡球时击球点高，便于挡头部上方或侧上方的高球，有时对飞向身后的高球，可跳起用单手将球挡回，如图7-5-6右图所示。

图7-5-6　挡球技术

参考文献

[1] 武金萍，赵亮．天津市普通高校体质弱势学生课外体育活动现状的调查［J］．当代体育科技，2015（17）．

[2] 许娇，江志鸿．独立学院体育保健课的现状与教学对策研究［J］．当代体育科技，2014（01）．

[3] 陆士桢．中国城市青少年弱势群体现状与社会保护政策［M］．北京：社会科学文献出版社，2004.

[4] 刘成，李秀华．体质弱势群体体育教程［M］．广州：中山大学出版社，2007.

[5] 赵德勋，张建华．高校体质弱势群体健身指导与实践［M］．北京：中国商务出版社，2012.

[6] 阎青春．社会福利与弱势群体［M］．北京：中国社会科学出版社，2002.

[7] 张广林，胡小浪．弱势群体体育健身社会支持模式研究［J］．社科纵横，2006（12）．

[8] 郑孟君，陆永江．教育公平视域下高校体育弱势群体学生分类教学实验研究［J］．体育研究与教育，2016（04）．

[9] 张敦福．现代社会学教程［M］．北京：高等教育出版社，2004.

[10] 韩新英．教育公平视角下高校体质弱势学生群体的体育教学改革［J］．体育文化导刊，2016（10）．

[11] 刘明霞．大学生体育权利之实现途径研究［J］．法制与社会，2012（34）．

[12] 杨锡让．实用运动生理学［M］．北京：北京体育大学出版社，1998.

[13] 董先锋．高校“体质弱势群体”教学干预措施研究［J］．当代体育科技，2014（22）．

[14] 李秉德．教学论［M］．北京：人民教育出版社，1999.

[15] 赖锦松．高校毕业生体质弱势群体现状与干预策略［J］．河北体育学院学报，2014（02）．

［16］郁彦妮．对大学生体质弱势群体的运动干预［J］．教书育人（高教论坛），2015（30）．

［17］人民体育出版社．英汉体育常用词汇［M］．北京：人民体育出版社，1980.

［18］董先锋．高校“体质弱势群体”教学干预措施研究［J］．当代体育科技，2014（22）．

［19］李祥．学校体育学［M］．北京：高等教育出版社，2001.

［20］张和平．山西省大学生体质弱势群体现状分析与对策研究［D］．太原理工大学，2010.

［21］李葆嘉．实用现代汉语规范词典［M］．长春：吉林大学出版社，2001.

［22］刘成，李秀华．体质弱势群体与体育教学改革［J］．体育学刊，2005（05）．

［23］杨忠山．体育教学模式的整体优化研究［J］．民营科技，2016（10）．

［24］国教育部．普通高中体育与健康课程标准（实验）［M］．北京：人民教育出版社，2003.

［25］中国残疾人体育协会．残疾人体育研究［M］．北京：北京体育大学出版社，2004.

［26］罗兴华．身体锻炼学［M］．广州：广东高等教育出版社，2000.

［27］潘绍伟，于可红．学校体育学［M］．北京：高等教育出版社，2005.

［28］谭龙．体育教学存在的问题及对策［J］．当代体育科技，2016（17）．

［29］黄茂武．实用体育保健与康复大全［M］．北京：科学出版社，科学出版社纽约公司，2000.

［30］任彦军，李大威．互联网 + 时代的体育教学新思考［J］．当代体育科技，2015（31）．